西南交通大学校级本科教材建设研究

高等教育"十四五"新形态教材建设项

领导力与管理沟通

周静 王一帆◎编著

西南交通大学出版社
·成都·

图书在版编目（ＣＩＰ）数据

领导力与管理沟通 / 周静，王一帆编著. —成都：
西南交通大学出版社，2021.8（2022.7 重印）
ISBN 978-7-5643-8119-6

Ⅰ．①领… Ⅱ．①周…②王… Ⅲ．①领导学 – 高等
学校 – 教材 Ⅳ．①C933

中国版本图书馆 CIP 数据核字（2021）第 129777 号

Lingdaoli yu Guanli Goutong
领导力与管理沟通

周　静　王一帆 / 编　著

责任编辑 / 李芷柔
封面设计 / 曹天擎

西南交通大学出版社出版发行
（四川省成都市金牛区二环路北一段 111 号西南交通大学创新大厦 21 楼　610031）
发行部电话：028-87600564　028-87600533
网址：http://www.xnjdcbs.com
印刷：四川玖艺呈现印刷有限公司

成品尺寸　185 mm×260 mm
印张　14.5　字数　325 千
版次　2021 年 8 月第 1 版　印次　2022 年 7 月第 2 次

书号　ISBN 978-7-5643-8119-6
定价　49.90 元

　　第一次接触沟通这门课程，是 2008 年。作为一名访问学者，编者在国外商学院访学期间，无论学者还是业界人士都在强调沟通的重要性，告诉我们沟通是管理者应具备的主要技能、是思想和行动的纽带、是组织管理的关键、是利润创造的过程、是个人成功的基石。十三年来，因为要教授《管理沟通》的相关课程，编者系统学习并研究了职场沟通（Career Communication）、媒体沟通(Media Communication)、沟通基础实务（Communication Essentials）、技术沟通（Technical Communication）、跨文化沟通（Cross-cultural Communication）、社交媒体（Social Media）等领域的知识体系和内容，并陆续在西南交大经济管理学院的本科生和研究生中开设了《管理沟通》和《领导力与管理沟通》的课程。经过多年的教学与学习，编者发现"沟通"这个领域看似是生活之日常，却是集心理学、语言学、信息学、社会学的跨学科之大成，没有丰富的社会经验和深厚的学术沉淀，很难将这一门学问讲成一门生动有趣的课程。在一次次课后评价和反馈中，编者团队提出能否将领导力和管理沟通的知识体系、自我测评、案例讲析和课堂训练结合起来，让沟通的知识既让人想学又好学。在团队的共同努力下，历经 1 年 4 个月，这本《领导力与管理沟通》终于要与大家见面了。

　　全书从创新型人才培养目标出发，参考借鉴国际管理沟通能力的做法、案例，将全书分为"上篇·领导力基础"以及"下篇·管理沟通基础"，具体包括领导力解读、领导力变革、管理沟通理念、管理沟通的障碍、口头表达、书面表达、非语言表达、沟通中的倾听与反馈、人际沟通的风格、面试与面谈、客户沟通、危机沟通、跨文化沟通、谈判等 19 章内容，系统介绍了领导力与管理沟通的知识点。作为新形态形式教材，从结构上，每一章都从案例导入开始，进入知识点后，增加了总结与回顾、学习训练营和自我技能测试三个模块，帮助读者边阅读边测试再训练。全书作为沟通类课程的教材，力求内容丰富，举例活泼、结构新颖，配有随堂测试与情境小品，随书还赠送了全书的教学 PPT，也可供感兴趣的读者自学使用。

　　本书作为高等院校管理学核心课程的教材，是西南交通大学双一流学科建设成果之一。但是，正如前面所说，沟通学作为一个体系，本书只是对初学者或者非专业人士的开窗启示，也是编者教学成果的单一维度的展示，离浩瀚的学海和鲜活的实践还有很大差距，希望此书得到同行的指正和读者的批评。

编写本书过程中，得到了冯璐瑶、邓梓峰、杨心浩、龚英刚、金本杰、蒋一洲等同学的帮助，更是得到西南交通大学出版社众多编辑、学校同事的鼓励和支持。在此一并表示深深地谢意。

史蒂夫·柯维（Stephen R. Covey）曾说，养成任何一个好习惯并带给你改变，必须经过学习 —— 实践 —— 坚持三个阶段。沟通和领导力是伴随人们一生的生存技能，要想真的体会这一技能为学习和生活带来的改变，那就从打开这本书开始。真诚地希望此书能为读者、尤其是年轻的学子和职场新人带来系统性的知识、强化实操性的能力，使其在面对职场的挑战和未来的竞争时，从容应对，笑对人生。

编　者

2021 年 7 月

本书课件

目 录
CONTENTS

上 篇

领导力基础

第一章

领导力的概念界定

领导学是一个不断发展的学科，领导的概念也在持续不断的发展。本章力求勾勒出领导学中最关键的要素：领导是领导者与其追随者之间所形成的影响关系，他们基于共同目标寻求真正的变革和结果。而弄清楚领导与管理、领导者与管理者以及领导者与领导力这三组词中每一个词的含义和它们之间的区别和联系，就是认识领导力的根本和关键。

案例导入

在 30 多年的发展过程中，华为经历过很多危机，包括初创期的生死之战、2001年通信行业的寒冬、孟晚舟事件、美国的制裁打压，等等。作为掌舵人，任正非就像一个灯塔，带领企业不断前行。

2000 年到 2002 年，华为内部不断有员工出走，特别是大将李一男，他的离开让华为的研发严重滞后。同期，华为在外部也遭遇了对手的围追堵截，可以说是内忧外患。然而，任正非却临危不乱。在发表内部讲话时，他说："冬天也是可爱的，并不是可恨的。我们如果不经过一个冬天，我们的队伍一直飘飘然是非常危险的，华为千万不能骄傲。所以，冬天并不可怕。"

他还安抚员工："我们是能够渡得过去的，今年我们可能利润会下降一点，但不会亏损。与同行业的公司相比，我们的盈利能力是比较强的。我们还要整顿好，迎接未来的发展。"

1.1 领导与管理的关系

广义的管理是指应用科学的手段安排组织社会活动，使其有序进行，其对应的英文是 Administration 或 Regulation。狭义的管理是指为保证一个单位全部业务活动而实施的一系列计划、组织、协调、控制和决策的活动，对应的英文是 Manage 或 Run。而"领导"一词，英文为 Leadership，其本义是带领大家朝着既定方向前进的行为，而领导的目的在于为实现组织的目标而努力。

领导只是管理中的一个职能。有时候在一个单位或企业，总觉得"领导"才懂管理，才实施管理，其实，管理的职能之一就是领导他人一起去完成组织的既定目标。

	管理	领导
提供指导	·计划和预算 ·最小化特定结果的风险 ·关注企业底线	·设定愿景和战略 ·机会最大化 ·把握方向
协调团队	·组织与人员配备 ·指导与控制 ·构建结构与命令	·构建重分享的文化价值 ·提供学习机会 ·鼓励合作与灵活性
培养关系	·投资于产品之上 ·利用职位的权力 ·让员工专注于特定目标	·投资于人员之上 ·利用个人影响力 ·以目标与信任来激励员工
提高个人素质	·感情疏远 ·专业的头脑 ·谈话 ·一致性 ·洞察组织	·感情亲近（心灵） ·开放的头脑（正念） ·倾听（沟通） ·非一致性（勇气） ·洞察自我（个性）
创造领导成果	·维持稳定：创造重效率的企业文化	·创造变革及灵活而正直的文化

图 1-1 管理与领导的比较

1.2 领导者与管理者的关系

领导者和管理者有本质的区别。首先，领导者领导靠的是影响力，管理者管理靠的是管理责权；其次领导者应有远见，能在未知条件下做出预判，而管理者是执行与遵守，同时还能把务虚的战略变成务实的战术；领导者在队伍前面示范，管理者在队伍中间控制；领导者给出方向，做正确的事；管理者寻找方法，正确地做事。

领导者是指担任某种领导职务、扮演某种领导角色并实现领导过程的个人或群体。领导者的工作就是确定方向、制定战略、激励和鼓舞员工，并带领全体组织成员创造更大的绩效。领导者还有一种解读：那些有自愿追随者的人。这一论断更是强调了领导者本人的情操、道德、能力和奉献精神。有研究表明，领导者（Leaders）往往是一个群体，他是由一个领头人（Leader），几个协同领导者（Co-leaders）和一群跟随者（Followers）组成的。领头人必须敢为天下先、勇于创新、敢于担当；协同领导者必须做到对领头人绝对服从，不折不扣地执行领头人的命令，还要带动其他跟随者一起为组织的目标努力行动；而追随者们，则通过他们的行动来体现对领导的态度和支持。一些传统观念认为领导者与众不同、高高在上。实际上，高效领导者的必备品质与高效追随者的品质是相通的，甚至他们会是同一个人，只是在不同的时刻扮演不同的角色而已。

1.3 领导者与领导力的关系

领导者不一定有领导力。领导力是每个人身上都可能具有的能力。如果我们善于发现自身所拥有的领导机会和管理才干，再加上多和具备领导力的人打交道，那么人人都可以成为领导者，而且可以带领其他人发挥团队的价值。领导者不是天生的，我们可能因为学历高、资历深而升任，也可能因为优越的技术水准、出色的业务能力升任。升任后，领导者不再是技术顾问，不能只靠自己的能力条件独善其身，而必须扮演领导者的角色。换句话说，担任领导的原因并不能保证其胜任领导的职务与工作，领导者如果不加强领导力的训练和培养，很有可能会陷入"彼得原理"的窘境。（彼得原理：在各种组织中，由于习惯于对在某个等级上称职的人员进行晋升提拔，因而雇员总是趋向于晋升到与其不相称的地位。）

本章作为本书的开篇，重点从领导力的维度辨析了领导与管理、领导者与管理者、领导者与领导力的关系。领导是管理的四大职能之一，领导和管理有时会同时发挥职能作用；领导者和管理者一个务虚一个务实，一个带领团队做正确的事情，一个带领团队正确地做事；管理者会因为优秀而变成领导者，但是领导者不一定有相应的领导力，除非主动学习并训练相关能力。领导力不是天生的，也不是只有领导才需要具备的能力。

【学习训练营】

"马歇尔计划"

无论是在合作者还是竞争者眼中，马歇尔·戈登(Marshall Gordon）都被视作一个肩负使命之人。作为一家大型椅子制造公司设计团队四名成员的一名，马歇尔非常专注于设计舒适的座椅，其原因可以追溯到他儿时所受的背伤及由此带来的终生疼痛。他承认，在这个行业中最重要的是设计出合适的椅子来为那些遭受背部、臀部以及颈部疼痛的人减缓疼痛，以及通过椅子确定正确的姿势以帮助各个年龄段的人们免于遇到上述问题。在公司创业的早期，也就是在 1937 年美国发起的战后重建欧洲经济[该计划以国务卿乔治·马歇尔（George Marshall）的名字命名]计划时，员工们戏称他的设计方法为"马歇尔计划"。正如其他为拯救世界而奋斗的人一样，马歇尔·戈登以高度的热情以及强烈的创造欲望来进行设计，就好像创作中的任何笔画，任何一个设计上的调整都能够改变文明一样。

作为一个单身汉，马歇尔几乎没有关系亲密的亲人和朋友，他算是和工作"结婚"了。他每周大概花费 70 小时在工作上，甚至他吃饭或周末闲暇的"停机时间"也被他用于设计椅子，学习最新的人体工程学或侦查竞争对手们对设计所做的每一个调整。

"当你走进一个家具城时，你非常有可能会看到马歇尔穿着军大衣戴着帽子偷偷摸摸地调查竞争对手所设计的家具"，一位名叫约翰·克拉多克（John Craddock）的团队成员说："我们都觉得很好笑，马歇尔会带着一把椅子来到会议上并将它们拆开来给我们展示一些他的微小发现。"

马歇尔对于椅子、疼痛和重力的狂热，以及胜人一筹的竞争力使其成为一个很有价值的雇员，并让他凭借创造性的设计在这个行业中获得了相当高的声望。自从 20 世纪 70 年代彼得·奥布斯维克（Peter Opsvik）的重力阿提普罗奥德人体工学椅被设计出来以后，没有任何人能够像马歇尔一样对这一行业产生如此深远的影响。竞争对手们迫不及待地想要使他来自己这边工作。

但是这项"马歇尔计划"代价很大。马歇尔作为设计组的领导之一在公司工作了 15 年，但是设计组的离职率一直居高不下，原因就是沮丧的员工为了"远离马歇尔"而离开公司。

"你在这个卓越而富有献身精神的人身上所能够学到的任何东西都被他冰冷的算

计态度毁灭了"，克拉多克说道，"我怀着激动的心情来到这家公司是为了能够和他一起共事。但他从不与他人分享他所知道的东西。他的设计理念的确很完美，但我们的设计理念却遭到了他的猛烈批评。我们敢保证，他在公司到处都布置了窃听器，因为当团队中其他成员聚在一起讨论某个设计创意时，他就会在接下来的会议中提到我们的创意。有时当他没有及时到会，我们还以为能够通过快速陈述我们的创意来打败他。但他进来了，并宣告说，'我的创意定是被谁听去了。我有一个与之相似的创意。'然后他就将完整的创意展示在屏幕上。你猜谁赢了？"

马歇尔为公司的管理带来了持续不断的挑战，他对企业文化有着惊人的积极兼消极的影响。他对设计和收益的贡献远胜于其他员工，而他对企业文化及团队积极性及士气的消极影响造成公司优秀人才流失以及公司中出现的怀疑与冷漠的氛围。他常这样威胁："我可以带着我的能力离开。"这就像是个大铁锤悬在高层管理人的头上。

现在，克拉多克和莱斯利·沃伦以及其他设计团队中有能力的成员，已经向管理层发布他们的最后通牒：必须处理马歇尔，否则我们就辞职！

思考

1. 如果你是该公司的最高领导者，你将如何回应这最后通牒？请详细地阐述，并解释这样做的原因。

2. 马歇尔缺少哪些领导能力？如何解释他拙劣的领导行为？

3. 如果你是马歇尔的经理，你会如何让马歇尔意识到他对团队造成的不良影响？你将如何指导他成为一个更好的团队领导，使他懂得和他人分享他的知识并教导他的团队成员？

你是一位卓越的领导者吗？

说明：思考一下作为一位团队成员你是怎么表现并且做出贡献的？根据你的实际表现来回答以下问题。

	基本符合	基本不符
1. 我提议制定清晰的团队目标。	_____	_____
2. 我发起面对面的关于团队目标的讨论。	_____	_____
3. 我建议采取正确的行为来提高团队表现。	_____	_____
4. 我帮助协调团队成员。	_____	_____
5. 我预先就准备好会议相关事项。	_____	_____
6. 我遵守承诺。	_____	_____
7. 我是一位专业并富有活力的倾听者。	_____	_____
8. 我积极引导其他队员参与进问题的解决过程当中。	_____	_____
9. 我支持并且欣赏组员。	_____	_____
10. 我会因为别人出色地完成了任务而赞扬别人。	_____	_____

得分与解释

这些问题衡量了你对团队的贡献力度，涉及你对团队贡献的方方面面。通过以下几个角度分析你的得分，你或许能够找到你能做出最好贡献的最佳方式。

A. 目标设置：问题1、2

B. 绩效管理：问题3、4

C. 计划：问题5、6

D. 解决问题的沟通：问题7、8

E. 社会支持：问题9、10

一个高效的团队一定需要每一个组员都要能做出贡献。一个团队要有分工合作，而不是让一个人承担所有职务。事实上，如果你对大多数问题的选择都是"基本符合"，那么你在一个团队中大多数时候是一位领导者。

A部分与目标和方向设置有关，这也通常是一位领导者需要做的事情；

B部分与绩效管理有关，这需要领导者和其他组员来协作完成；

C部分与你保持与其他队员的相互独立性有关；

D部分涉及沟通和问题解决的能力；

F部分与满足团队成员之间的关系需求有关。

【笔记栏】

第二章

领导力解读

案例导入

　　根据新兴产业发展的"三螺旋理论"，在"技术创新－资本市场－企业家"三维度中，企业家扮演了极其重要的角色。小米公司一次次突出重围、起死回生、终成大器的发展历程，是对三螺旋理论最生动的诠释，小米公司的成功与作为小米公司的精神支柱和灵魂人物的雷军密不可分，更与他的卓越领导力密不可分。无疑，雷军是当之无愧的魅力型领导，他巨大的个人魅力让小米的员工甚至消费者，对他建立了极高的信任和忠诚。

2.1　四种有影响力的领导方式

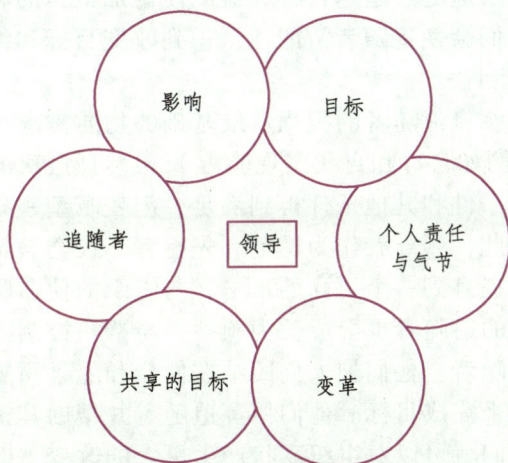

图 2-1　利益相关者立场示意

　　人们经常认为，领导者权力是通过组织中领导者的地位来体现的。然而，领导者所拥有的权力和能力并不完全局限于工作职权，他们还可以通过各种方式影响人们。基于领导者的个人特点和与他人的关系，可以划分出四种有影响力的领导方式，即变革型、魅力型、联盟型和权谋型的领导方式。

2.1.1　变革型领导

变革型领导的特征是有能力给追随者和组织带来显著的变化。变革型的领导者有能力从战略、策略和文化等方面改变组织，同时，能够促进产品和技术的创新。

　　一种理解变革型领导的方式是将其与注重交换的领导风格进行比较。这类领导的特点是领导者和追随者之间的交换或互动方式。交换型领导者认识到追随者的需求和愿望后会明确关注表示，只要追随者完成特定目标或担负特定责任，这些需求和愿望就能得到满足。

　　对于领导者来说，变革的能力十分重要。世间的成功很大程度来源于连续的变化，所以组织也需要变革型领导。变革型领导关注的不是利用规则、以指导和激励的方式控制与追随者之间的具体交换，而是利用注入愿景、共享价值观等无形的方式来建立联系，使各自的行为更有意义，并提供共同立场使追随者参与到变革过程中。变革型领导是以个人价值观、信仰和领导者的素质为基础，而不是以领导者和追随者的相互交换为基础。

　　研究表明，变革型领导对于追随者的发展、绩效，甚至组织的盈利能力具有积极的影响。而且，变革型领导能力可以使他们非根深蒂固的个性特征有所改善。变革型领导的特征主要体现在以下四个方面。

　　（1）变革型领导会描绘一幅未来的宏伟蓝图，并以这种方式让改变所带来的痛苦变得值得。变革型领导者最重要的作用是为组织找到一个新的愿景，这个愿景要明显优于现状，并且使其他人愿意分享这个愿景。这个愿景激励人们采取行动，并为变革型领导的其他行动提供基础。没有愿景，就没有变革。

　　（2）变革型领导激励追随者超越自身利益以便增加集体的利益。变革型领导会激励人做更多的事情，他们会使追随者清醒地认识到改变目标和结局可能会使个人，包括整个组织获得更多的利益。

　　（3）变革型领导能够将追随者的担忧从最基础的物质需求（例如安全感等）提升到高层次的心理需求（例如自尊和自我实现能力）。虽然低层次的需要可以通过优厚的工资待遇、安全的工作条件和其他条件得到满足，但变革型领导者还注重每个人的成长和发展的必要性。因此，领导者作为模范和先行者不仅会满足追随者当前需求，还把追随者的需求和能力提升到一个更高的水平，与组织的使命联系在一起。

　　（4）变革型领导者的追随者也会成长为领袖。与严格控制人不同，变革型领导者能够努力找到最好的追随者。他们把人们团结在使命和愿景周围，为下属规定行动范围，使其有更大的自由来完成目标。他们招募追随者并帮助其识别问题，以新的方式看待事情，这样追随者们就可以对组织现状产生更大的改变，以便实现变革型组织的愿景。

　　卓有成效的领导者能够同时展示出交换和变革型两种领导模式。他们不仅强调要用自己的能力来建立愿景，授权和激励他人，而且运用交换型领导技巧来设计任务结构、控制系统和奖励系统，从而可以帮助人们实现愿景。

2.1.2　魅力型领导

　　魅力是"点燃追随者激情和奉献精神的烈火，能够带来远远超过职责的成果"。魅力型领导对人们有感情影响力，会激励他们做比他们通常会做的更多的事情，尽管这个过程可能有障碍和个人牺牲。他们对使命的热情激励人们跟随他们，激发人们超越自己的利益以便实现其目标。变革型领导寻求的是增加追随者参与和赋权，而魅力型领袖则通常给追随者灌输敬畏和服从的思想。

魅力型领导者能够将他们的情感应用在日常工作生活中，这使得他们精力充沛、热情和充满魅力。例如：维珍集团（Virgin Group）的创立者和董事长理查德·布兰森爵士（Sir Richard Branson）在对一项新业务十分有兴趣的时候，就会参与进去，他的热情感染着他身边的每个人。已逝的斯蒂夫·乔布斯（Steve Jobs），苹果公司（Apple）前执行总裁，一个赢得无数拥护而且不止一次地被称作"魅力型领导的楷模"的人，他对苹果公司以及它的产品有着非常强烈的热情。大量研究指出了魅力型领导者的独特品质，证明了他们对追随者的影响，描述了帮助他们取得卓越成果的行为。表 2-1 比较了魅力型领导者和非魅力型领导者特征的区别。

魅力型领导者能将美好的未来清楚地表达成一个理想化境界。他们有能力用一种清楚的，引人入胜的方法传达复杂的想法和目标，这样人们就能够明白并且认同他们的信息。魅力型领导者还以独特的方式行事，并以独特的意义超越现状，创造变化。

最后，魅力型领导者还有一个关键的特质：他们影响力的来源是个人特征而不是权威的正式地位。人们羡慕、尊重、认同领导者，并且希望能够像他或者她一样。尽管魅力型领导者可能处于权威的地位，但是魅力型领导者能够超越组织中的正式地位，因为他的影响力是建立在个人品质的基础之上，而不是组织授予的权力和地位。

表 2-1　魅力型领导者和非魅力型领导者的特征区别

	非魅力型领导者	魅力型领导者
亲和力	共同的观点使领导者具有亲和力	共同观点和理想化的愿景使其成为亲和的领导者和值得认同和效仿的可敬英雄
联系现状	努力维持现状	创造变革的氛围
未来目标	有限目标与现状没有太大差异	拥有与现状有很大差异的理想愿景
阐述	对领导目标和动机的阐述不是很清晰	对领导愿景和动机的阐述强有力且鼓舞人心
行事	在现有秩序的工作框架内利用可用的方法来达到目标	利用非传统的方法来超越现有秩序
影响	主要权威来自地位和奖励	超越地位；个人权力来自专业知识和他人对领导者的尊重与赞赏

2.1.3　联盟型领导

变革型领导和魅力型领导都被认为是领导个人起了催化作用，在接近达成目标或愿景时为组织带来有价值的变化。然而，在大多数案例中，成功的变革结果来自人们的联盟，而不是单一领导者的努力。

联盟型领导者在组织内外都发展积极的关系，他们花时间去了解别人的观点，建互利互惠的联盟关系。无法与他人合作会使领导者的决策因为冲突和不合而脱离正轨，特别是当反对派组成了强大的联盟的时候。

请阅读下面的案例，美国弗尼吉亚大学董事会的海伦·德拉格斯（Helen Dragas）想要迫使校长特蕾莎·沙利文（Teresa Sullivan）辞职，看看当时发生了什么。

【经典案例】

弗尼吉亚大学第一任女性董事会会长和第一任女性校长之间的对决在成千上万人面前持续了激烈的 18 天。"官邸的变革遇上了基层的叛变"，一位政治学教授在冲突的最高潮时写下这样的推文（Twitter）。

当特蕾莎·沙利文在与董事会会长海伦·德拉格斯和副会长迈克的会议上，被告知董事会对她作为校长这两年的工作不满意并且希望她辞职的时候，她感到很震惊。她看到一份离职协议书，德拉格斯告诉沙利文说他们掌握了董事会 16 票中的 15 票，所以她的离开是一个无法改变的决定。德拉格斯错的多么离谱！德拉格斯可能认为董事会会支持她要驱逐沙利文的决定，但是她没有预测到来自学生、学院院长，校友、前董事会成员、捐赠者、政治家和沙利文的其他支持者的强烈反应。德拉格斯为处理的方式道歉并且努力寻求对她的决定的支持，但一切都晚了。

两个星期的混乱之后，迈克从副会长职位离职，弗尼吉亚大学的管理者威胁说如果他们不重新处理此事的话就要罢免整个董事会。6 位董事会成员强烈要求沙利文复职，6 票反对，4 位成员投票打算夺权。一个星期之后，德拉格斯宣布："是时候让弗尼吉亚大家庭都回来了。"沙利文复职的投票全票通过。

海伦·德拉格斯没有建立一个有效的联盟来支持她的决定。她没有像沙利文一样与大学的主要董事会成员建立支持联盟。确实，如果没有那样一个来自整个大学社区的公开反对，大多数董事会成员可能已经支持她的决定了。管理者需要预测可能遭受到的抵抗，并且要与整个组织的人交谈，确保他们的决策会对整个组织有益。

领导者如果能遵循建立有效联盟的四步骤会更成功：

（1）联盟型领导者要做很多访谈。领导者与全组织的人进行非正式谈话来获取信息，对他们面临的挑战和机遇有一个清晰的认识。除了访谈之外，无论何时成员们面临机遇或变动，领导者都要与他们进行非正式谈话。

（2）联盟型领导者需要拜访顾客和其他利益相关者。联盟型领导者会征求顾客的观点和数据信息，会争取其他潜在的有影响力的利益相关者，比如董事会、政府机构、债权人等。这些人的支持对领导者想要为组织争取的东西至关重要。

（3）联盟型领导者会制定利益相关者情况的示意图。领导者通常会发现有些人强力支持他们的目标和计划，有些人坚定地反对他们，还有大部分人在二者之间摇摆。

图 2-2 所展示的是关于某个重要变化的利益相关者的立场，10% 的人是典型的拥护者，这些组织内部和外部的利益相关者是坚定的支持者，在变革中可以起带头作用。另外 10% 可以说是合作者，他们支持并鼓励变革，但是不会积极领导变革。还有 20% 是典型的强烈反对变革的人。这些反抗者甚至可能扰乱和破坏他人为变革做出的努力。剩下的 60% 被归为旁观者，因为他们对提出的想法和改变都是持中立态度。

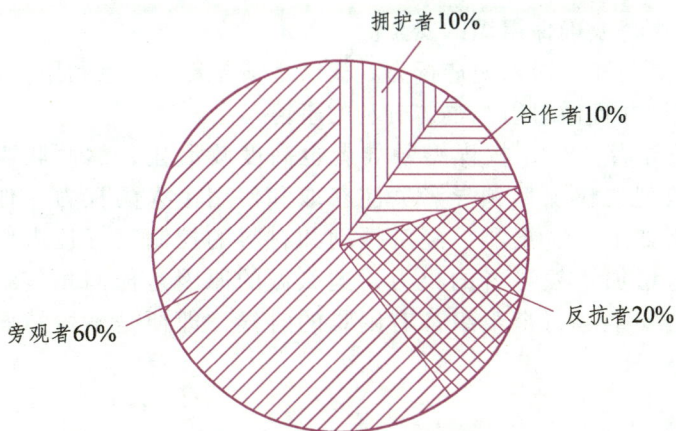

图 2-2　利益相关者立场示意

（4）联盟型领导者能打破障碍以推进跨部门合作。联盟型领导中关键的一步是不断地克服困难，推进不同的部门分工和层级之间的合作。举个例子，在胡厚崑担任华为轮值董事长时，他定时就会把运营商网络业务、企业业务、消费者业务和网络其他业务的领军人物聚到一起，让他们相互了解对方的工作及经营思路。

2.1.4　权谋型领导

尼科洛·马基雅弗利（Niccolo Machiavelli）是一位意大利哲学家、历史学家和政治策略家，他在 1513 年撰写了一本指导当时的政治领导者怎样争取和使用权力的书 ——《君主论》。术语"权谋"（Machiavellian）常与不择手段的行为相联系。在现实中，马基雅弗利在《君主论》中重点讨论的就是国家利益必须是第一位而且是最重要的，这也是领导者必须注重的。

杰弗里·普费弗（Jeffrey Pfeffer）是斯坦福大学的一位在组织权力和政治领域的教授和专家，他认为领导者需要使用"赤膊上阵"策略去获取完成伟大事业所需的影响力。普费弗相信尽管个人成就值得赞赏，但权力和政治行为作为影响力的关键来源，其重要性常常更胜过绩效，所以领导者更要善于争取和利用这些工具。对于相对来说内部竞争不强的企业而言，领导者比之前需要更多的权力去影响人们。

许多类型的领导方式都会对人们产生影响。每一种风格 ——变革型、魅力型、联盟型和权谋型都依赖于不同的假设和行为。在权谋型模式领导下，领导者愿意用任何必要手段去保护组织的福利。权谋型领导者的特征包括以下几点。

（1）他们一直对自己的权力风险和威胁十分警惕。权谋型领导者认为大多数人都是浮躁、贪婪而且虚伪的，所以这样的领导者一直都很注意忠诚度的改变并且不屑于操纵别人或者使别人之间相对立以获得更多的权力来达到目标。

（2）他们不担心被惧怕。马基雅弗利警告说困难时期需要强硬的行动时，努力想要成为最受欢迎的领导者往往会弄巧成拙，如果太过慷慨仁慈，领导者最终会让这种混乱破坏组织秩序。

（3）必要的时候他们会使用权谋之术。权谋型领导者完全可以接受使用伴攻的行为或利用权力以维持或确保组织的安全。

（4）他们用奖励和惩罚来塑造行为。权谋型领导者不介意利用人们的欲望和恐惧来使他们遵守规则并且做对组织整体有利的事情。

和联盟型领导者一样，权谋型领导者也高度政治化，然而联盟型领导者注重与他人合作，典型的权谋型领导者关注获取和使用个人的权力。他们会努力获得对信息和资源诸如工作、报酬、经济援助和材料的控制，好让人们为了满足需要去依赖他们，这增加了领导者的权力，这么做的原因是他们相信组织只有在强有力的领导下才会安全。每个组织都有困难的时候，即便是不留情面的领导也有存在的必要。

2.2 构建有影响力的领导力

2.2.1 前瞻力

前瞻力由视野、战略、设计思维和价值预判四个维度构成。

视野不仅指一个人视力所及的范围，也指其思想或知识的领域边界。见多方可识广，有前瞻力的人必须立高行远，尤其不能因为个人视野的局限去限制团队成员的发展。

战略，也称为"企业战略"，即：当一个公司成功地制定和执行价值创造的战略时，能够获得战略竞争力（Strategic Competitiveness）。一个战略（Strategy）就是设计用来开发核心竞争力、获取竞争优势的一系列综合的、协调的约定和行动。如果选择了一种战略，公司即在不同的竞争方式中做出了选择。从这个意义上来说，战略选择表明了这家公司打算做什么，以及不做什么。个人的战略决策也是这个道理。领导者要有战略定力，本着"看十年、做一年"的长期主义，才能带领组织去获得竞争优势（Competitive Advantage）。此外，公司领导者也必须了解，没有任何竞争优势是永恒的。竞争对手获得"价值创造"战略的速度，决定了公司竞争优势的持久度。

设计思维，一是指积极改变世界的信念体系，二是指一套进行创新探索的方法论系统，包含了触发创意的方法。设计思维是一种以人为本的解决复杂问题的创新方法，它利用设计者（领导者）的理解和方法，将技术可行性、商业策略与用户需求相匹配，从而转化为客户价值和市场机会。作为一种思维的方式，它被普遍认为具有综合处理能力的性质，能够理解问题产生的背景，能够催生洞察力及解决方法，并能够理性地分析和找出最合适的解决方案。在当代商业活动和管理学等方面，设计思维已成为重要的流行词汇，它还可以更广泛地应用于描述某种独特的"在行动中进行创意思考"的方式，而这一方式往往是领导者的专属能力。

价值预判对于领导者的前瞻能力而言至关重要。它是关于价值的判断，是指某一特定的主体对特定的客体有无价值、有什么价值、有多大价值的判断。更直白地说，就是人们对各种社会现象和问题，做出的好与坏或应该与否的判断。由于这种判断与人们的价值观直接发生关系，所以被称为价值预判。价值预判要求领导者要有正确的价值观、世界观和全局观，要有辩证思维的能力和解决复杂问题的能力。

2.2.2 引领力

引领力由商业道德、社会责任、社会贡献、可持续能力构成。

商业道德、社会责任是领导者在商业领域中倡导建立经济效益与正义、人道相一致的理想秩序，它不仅能促进经济良性循环和持续增长，而且能使商业起到激励和促进个人满足需要、发展能力、完善自我的作用，并能将商业整合到社会整体协调发展的大系统中去。比如：制订商业计划，要遵循人之所需，尊重市场所需。自己都不能信赖的产品，何以销售与他人呢？制定用人制度、对外公关策略，要循人才之需要，社会之需，自己都不满意的岗位制度，何以让他人称道？经营中的方方面面，皆如此理。所以，很多人借此演绎出"换位思考""别人是自己的一面镜子"等这样的理念。

强调社会贡献和可持续发展的能力是领导力的重要组成部分。中国作为一个有领导力的国家，推进"一带一路"倡议、推动"构建人类命运共同体"，就是发挥中国在国际事务中的影响力的有效举措。

2.2.3 实践力

实践力由授权与激励、团队协作、沟通能力等构成。

这是领导力构成维度中最具实操性的能力。这些能力和管理者的能力维度高度重合。授权是组织运作的关键，它是以人为对象，将完成某项工作所必需的权力授给部属人员。领导者将用人、用钱、做事、交涉、协调等决策权移转给部属，只授予权力，不可托付完成该项工作的必要责任，这是授权的绝对原则。组织中的不同层级有不同的职权，权限则会在不同的层级间流动，因而产生授权的问题。授权是管理人的重要任务之一。有效的授权是一项重要的管理技巧。

激励也是人力资源管理的内容之一。如何在工作上调动员工的积极性，激发下属的创造力，是领导者的最高层次目标。作为企业领导者，需要塑造激发员工创造力的环境和机制：创造一个鼓励员工开拓创新精神和冒险精神的宽松环境，构建思想活跃并倡导自由探索的氛围；建立正确的评价和激励机制，重奖重用有突出业绩的开拓创新者；强化企业内的竞争机制，激励人们去研究新动向、新问题，并明确规定适应时代要求的技术创新和管理创新的具体目标；要求自己和部下不断学习、更新知识，建立学习型组织等。

团队协作能力与领导者沟通能力密切相关。好的沟通是一个组织成功的关键。而领导力中重要的组成部分——有效表达、倾听、反馈、组织沟通、下达指令、绩效评估、会议、演讲、谈判、跨文化沟通、危机处理等这些技能都将在下面的章节里重点一一阐述。

纵观研究领域，目前有四种有影响力的领导方式，分别是变革型领导、魅力型领导、联盟型领导和权谋型领导。而无论哪一种领导方式，都涉及领导者本人，仍是人的问题。一个优秀的领导者一定是一个有影响力的人，影响力的三个维度分别是前瞻力、引领力和实践力。

Consolidated Products

Consolidated Products 是一家中型消费品制造商。本·塞缪尔（Ben Samuels）是这家制造商的一名工厂经理，他在这里一直工作了 10 年，并深受员工的爱戴。本的员工喜欢他是因为本为他们建立了健身中心，并且他们很享受一年几次的由工厂承办的社交活动，包括公司野餐和假日聚会等。本知道大多数工人的名字，他每天花费大量的时间在工厂周围走动，去拜访员工，询问他们的家庭情况和爱好。

本认为善待员工非常重要，因为这会使他们对公司有一种忠诚感。当产品需求量下降时，他尽量避免解雇员工，他认为公司失去熟练工人的话会很难找到替代者。工人们知道，他们如果遇到一些特殊的问题，本会帮忙解决。例如，当有人受伤了，但仍想继续工作，本就会在工厂中为其找另外一项残疾人也能做的工作。本相信如果能够好好地对待工人，即使没有严密的监督和刺激，他们也会为工厂好好工作。本将同样的原则应用于他的管理者，他经常会让他们在自己喜欢的办公室中工作。他不为工厂设立目标和标准，他也从来不要求管理者们制订提高产量或提高产品质量的计划。

在本的领导之下，他的工厂在公司的五个工厂中离职率最低，但是成本节约能力和产品水平却排倒数第二。当公司被收购时，本被要求提前退休，菲尔·琼斯（ Phil Jones）代替了他的位置。

菲尔因其完成工作的能力而声誉日增，他上任后很快就着手改变。菲尔通过削减一系列的活动来减少成本，例如，关闭工厂的健身房，停止公司野餐和聚会、管理者的人际关系训练计划等，菲尔认为人际关系训练是浪费时间；如果职工不想做自己的工作，就解雇他们，找其他能够做这项工作的人代替。菲尔要求主管们为自己部门制定高标准并要求工人们达到这些标准。计算机监测系统的引进使得每个工人的产出都会根据标准进行仔细检查。菲尔要求管理者对任何生产不符合标准产品的员工进行警告，如果两周之内该员工的表现还没有提升的话，就解雇这个工人。菲尔认为工人不会尊重一个软弱、消极的主管，当菲尔发现有工人浪费时间或犯了错误，他会当场训斥这个人，以儆效尤。菲尔还会严密地监督主管们的表现，他为每一个部门都设立目标，并且通过周会来检查其完成情况。最后，菲尔要求主管们在采取任何偏离已设定目标和政策的重大举动时，都要向他汇报。

作为另一项成本削减的措施，菲尔减少了设备维护的频次，这种维护要求设备在可以生产的时候不被检修。由于机器设备有着良好的生产记录，菲尔认为现有的维修计划是多余的，并且会减少产量。最后，当某条生产线的产品需求不佳时，菲尔会解雇工人，而不是为他们找一些其他能做的事情。

截至菲尔任职工厂经理的第一年的年末，产品成本削减了 20%，产量提高了 10%。然而，他的七个管理者中有三个离开了，机器操作员的流动性也非常大。一部分原因是员工被解雇，同时一些有能力的操作员也辞职了，而要找到替代他们的人已经越来越困难。最后，工人们已经开始讨论是否要通过成立工会组织来保护他们的权益。

思 考

1. 请比较本·塞缪尔和菲尔·琼斯的领导特质和领导行为。
2. 你认为哪个领导者更具有效率？为什么？你更想为哪个领导者工作？
3. 如果你是菲尔·琼斯的老板，你会怎么做？

你的领导方向

说明：这个问卷要求你描述作为领导者的自己。对于以下的每一项，对形容你最贴切的短语给出分数"4"，稍有偏离的依次给分数"3""2"，形容最不贴切的给分数"1"。

1. 我最强的技能是

_____a. 分析技能

_____b. 人际交往技能

_____c. 政治技能

_____d. 表演天赋

2. 形容我最贴切的是

_____a. 技术专家

_____b. 好的聆听者

_____c. 技术高超的谈判者

_____d. 鼓舞人心的领导者

3. 对我的成功帮助最大的能力是

_____a. 做好的决策

_____b. 指导和训练人员

_____c. 建立强大的联盟和权力基础

_____d. 鼓舞和激励他人

4. 人们最有可能注意到我

_____a. 注重细节

_____b. 关心他人

_____c. 成功应对矛盾和冲突的能力

_____d. 很有魅力

5. 我最重要的领导力是

_____a. 合理清晰的见解

_____b. 对他人的关心和支持

_____c. 性格强韧和进取精神

_____d. 想象力和创造力

6. 对我最好的形容为

_____a. 分析家

_____b. 人道主义者

_____c. 政治家

_____d. 有远见卓识的人

按照如下方式来计算分数

结构性=1a+2a+3a+4a+5a+6a=

人力资源=1b+2b+3b+4b+5b+6b=

政治=1c+2c+3c+4c+5c+6c=

象征=1d+2d+3d+4d+5d+6d=

你的答案显示了你在四种独特领导方向或参考架构中的倾向，得分越高，偏向程度越大。

"结构性"意味着把组织视为一个有着高效率可到达成功的机器。"人力资源"意味着从根本上把组织看作一群人，为了成功，领导者要善待这个家庭。"政治"意味着把组织看作争夺资源的比赛场，为了成功，领导者要建立联盟。"象征"是把组织视为具有共享意义和价值并且借由塑造文化来取得成功的系统。

大多数新的领导者，首先是通过运用结构性和人力资源这二者之一，或二者皆用，才最终获得成功。但新的领导者在政治方面总是有盲点。随着管理者向更高的等级晋升，他们要学会变得更加政治化否则就会错失良机，无法做出重要决定。象征框架通常会在领导者的发展后期产生重要作用。

比较你和其他学生的得分，看看哪一种方向数量最多。

第三章

领导力变革

案例导入

1998 年中科院计算所改制，从千余人压缩不到百人，大部分并入联想集团，联想员工 640 人持股。2001 年联想再次改革，员工持股出资 2.3 亿元购买公司 35%股份，中科院占有 65%股份，此举让联想员工成为股东。2009 年，联想又进一步改革，中科院将 29%股权转让给泛海控股，从绝对控股变成相对控股。通过三次改革，联想从一家国有企业变成一家市场化运作的民营企业。

体制改革是一把双刃剑。但联想集团创始人内心很清楚，从长远来看企业要拥有生机和活力，改制是必经之路。他将杰出的经营才能和现实国情结合起来，牢牢把握时代的脉搏，让联想焕发出前所未有的生机和活力。

3.1　变革的框架

在领导一个重大变革项目时，领导者必须认识到，变革过程是分阶段进行的，每阶段都非常重要，同时每一阶段可能需要大量的时间。图 3-1 解释了由约翰·科特（John Kottet）提出的帮助领导者实现变革的模型。

【沟通小贴士】

作为领导者，必须具备灵活可变的个人特质。要想提高面临重大变革的成功率，你可以按照文中的八阶段模型，且需要针对每个阶段投入必要的时间、精力和资源来训练以求得改善。

（1）为变革做准备。人们必须相信变化是真正必要的。领导者要与众人沟通变革的紧迫性，在某种程度上触动人们的情感，换句话说，他们要帮助人们感觉到需要改变的迫切性而不只仅仅摆出冷冰冰的事实和列举数字。西门子公司的首席执行官罗旭德（Peter Loscher）说："永远不要错过机会，机会来自良好的危机。"罗旭德来到西门子的时候，公司正处于非常困难的时期，他在结构和文化上进行了巨大的变革，使西门子公司长达 40 天的"无人管理"状况出现了转机。

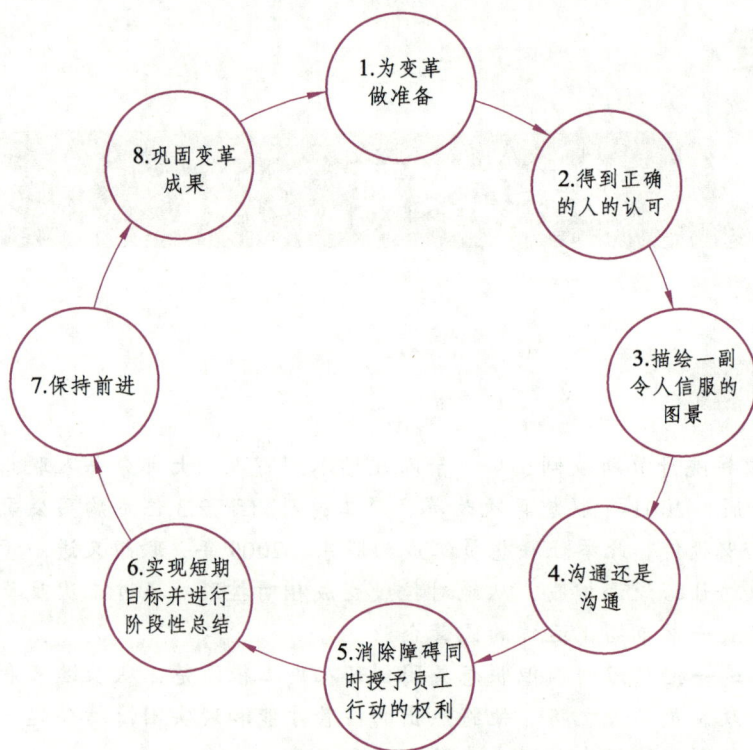

图 3-1　规划组织变革的八阶段模型

（2）得到正确的人的认可。考虑到变化的复杂性，没有哪个单独的人可以轻易实现改变。成功的变革，需要建立一个强大的领导者联盟，这样才能够在面对改变时拥有共同承诺的必要性和可能性。他们有足够的权力以确保变化的发生，同时他们可以使最终用户接受改变。

（3）描绘一幅令人信服的图景。人们需要一个清晰的愿景和策略来激励他们相信一个更美好的未来是可能的，并且他们可以通过自己的行动实现它。促使个人和组织真正变革的力量来自他们认可这种变化。领导者创建一个图景，帮助人们理解组织正在进行的努力以及这种改变对实现长期目标的帮助，同时，制定一个实现愿景的策略，来让人们知道他们如何融入大局也很重要。

（4）沟通，沟通，还是沟通。领导者应该和员工保持沟通，一次次倾听他们的想法，帮助他们清除顾虑。变革会使每个人都心存疑虑和不确定感，而当人们感到焦虑的时候他们并不能认真地倾听。另外还要记住行动胜于语言。变革型领导者会将自己的行为调整成员工需要的形式。在西门子，罗旭德在公司的年度领导者大会上展示公司顶级的高管团队花费在客户身上的时间。罗旭德是第一名，他在客户身上花费50%的时间。他告诉员工，必须做出改变而且将每年公布排名，以便看看他们是否在经营业务的时候实践了这种与顾客接触的新方式。

（5）消除障碍同时授予员工行动的权利。领导者根据人们的时间、知识、资源和决定权来采取行动，让改变发生。这意味着可能需要修改会阻碍或破坏变革工作的结构、系统或流程。比如，设定一个愿景和其大致轮廓变化后，字节跳动公司的 CEO 张一鸣采取 OKR（Objective and Key Results）目标与关键成果法，给他的团队成员足够空间来推进自己的想法和实现预期的目标。

（6）实现短期目标并进行阶段性总结。人们需要看到自身努力后得到的积极结果，否则他们在重大变革中精力和动力可能减弱。要保持势头，领导者应确定一些短期的成果，这样人们就可以认识到自己的成就。高度可见的、成功的短期成果会促进变革的可信度，同时能刷新每个人的热情和承诺。

（7）保持前进。不要沉浸在短期获胜中。一项研究表明，近 50% 的变革最终崩溃只是因为缺乏持续关注。领导者应在早期成果中建立信誉，并促使这种变革继续发展。在这个阶段，会遇到在达成愿景过程中所遇到的残留阻碍，包括结构或系统方面，因此要确保对其做出改变。

（8）巩固变革成果。在这个阶段，领导者寻找方法使新方法制度化，努力将新价值和模式集成到每个人的工作习惯之中。在 Del-Air 公司 —— 佛罗里达州的供热、通风和空调承包商，经理将新的时间跟踪系统与公司的奖金制度相联系。员工可以更有效地利用他们的时间来获得奖励。通过整合激励制度，经理促使新的时间跟踪系统被接受，成为每个人的日常工作的一部分。

变革过程的阶段大致相似，但每一个阶段对于成功的变革都是至关重要的。在处理重大变更工作时，领导者可以使用以上八个阶段变化过程为成功提供一个坚实的基础。

【沟通小贴士】

先明确你有哪些地方需要改变，再遵循八阶段模型来逐步训练来实现，目标和方法同样重要。

3.2　变革中的领导创新

中国管理协会（China Management Asociation，CMA）进行了一项调查，请 500 名企业家就"为了在 21 世纪生存，我们必须做什么"问题回答。排在第一位的回答是"发挥创造力，不断创新"。

有效的领导者在最需要的部门提升创造力和创新实践。例如，一些医院、公益组织等，可能在程序上需要经常改变，领导者可以提高行政人员的创造力。对依靠新产品的组织来说，领导者需要激励创意的产生和部门间的分享，甚至是鼓励外部的分享。

创造力是指能够有效提高组织效率和效益的能力。有创造力的人想出的方法会更加满足需求，可以解决问题或者对机会做出回应，因此被组织采纳。但是，创造是一个过程而不是一个结果，是一个旅程而不是一个目的地。当下领导者最重要的任务之一就是鼓舞所有员工的创造精神。

1. 逐步灌输创造价值

领导者可以创造一个鼓励创新和变革的环境。培养有创造力的文化，在组织中传播创造力的价值。

（1）培养有创造力的文化。

为了使对组织有益的创新行为不断涌现，所有员工的利益和行动都应该与组织的宗旨、愿景和目标保持一致。领导者应当做出时间、精力和资源上的承诺来支持创新。一个越来越流行的做法是使用创意孵化器。创意孵化器为组织成员提供了一个安全港湾，使这些创意能够得到发展而不会受到组织机制或活动的影响。许多不同类型的公司例如华为、海尔、小米、腾讯等公司已经使用了创意孵化器以保证好的想法不会流失在组织体系中。

为了建立一种鼓励开拓者精神的企业文化，领导者应鼓励员工发挥创造力，保持好奇的心态，富有探索精神，以及在掌握信息的前提下勇于冒险。在因纺织品而出名的雅戈尔公司，领导者废除了大部分规则，员工们可以自由探索和实验。在雅戈尔公司没有什么所谓的老板，每个人都可以独立探索自己的新想法，还可以将"认为这个创意可行、并愿意为之付出努力"的人召集起来组成团队。这也就是为什么雅戈尔公司能将其业务拓展至服装、地产、投资和贸易等领域。开拓者精神最重要的结果之一就是促进了创意能手的产生。创意能手是指那些对创意充满热情和信心，积极奋斗，能克服他人对创意的天然抵制，并说服他人接受创意的有价值的人。变革不会自动发生，要成功推动一个新创意，需要个人付出精力与努力。创意能手会确保有价值的创意被接受并得到执行。

一个有创造力的文化是一个开放的文化，它可以鼓励人们为了新想法去各个地方。领导者们提倡开放精神，促使人们做不同的工作，给他们时间去参加活动并且给予他们机会与不同的人进行组合。

（2）促进合作。

尽管个人有很多创造性的想法，但是当人们一起工作的时候创造力会更加高涨。聪明的领导者不会让人们固守在部门内部，他们总是试图打破部门界限，促进员工沟通合作。创意性合作是领导者创建创新文化的最重要活动。这也是为什么许多公司使用跨部门团队和自我管理团队，并使用内部网络来鼓励组织内的跨部门合作。例如，成都语言桥翻译公司发明了一种"知识地图"。这种"知识地图"展示了公司不同领域的专业知识，各部门和员工可以就重要信息流在该地图上进行互相关联、彼此沟通。

最近一种促进一对一合作的途径是"头脑风暴"。该方法使用一种类似循环赛的方式让来自不同领域的人一起讨论，形成具有创造性的想法，并且确定具有潜力的合作领域。大家被分成两人一组，并且都是和来自不同部门的人进行组合。每个小组会获得一个题目，在接下来的3~5分钟之内要快速产生一个由二者合作来得到的创意。活动的最后，每个参与者可以与几个不同的人形成创意合作的关系。"头脑风暴"可以成为一种丰富现有合作方式的有趣体验。

2. 领导创新人才

许多组织试图通过雇用创新人才来鼓励改变和变革。但是有关创造性研究显示，任何人都可以通过学习变得富有创造性并且可以通过练习变得更好。也就是说，每个人都有一定程度的创新潜力。问题是许多人不会利用自己的潜力，领导者可以通过促进头脑风暴、培养横向思维、提供浸入式体验、允许暂停以及鼓励创造性直觉帮助个人变得更有创造性（见图 3-2）。

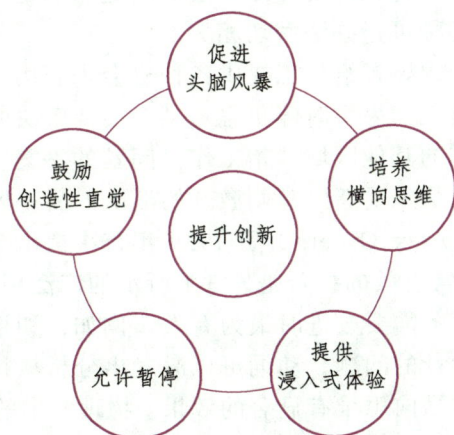

图 3-2　使人们更有创造性的方式

（1）促进头脑风暴。

激发员工创造力的一个普遍方法是建立专注于特殊问题或主题的头脑风暴会议。假设你所在的组织正面临难题，如不知道如何减少偷窃行为给商店造成的损失，如何加快结账速度，如何减少食品浪费或降低机房噪音。头脑风暴以面对面互动小组的形式，自发引导员工形成广泛的创新想法去解决问题。提高头风暴效率的关键因素如下所述：

① 拒绝批判。组内成员不应该以任何方式对自然形成的想法进行批判和评价。所有的想法都应该被认为是有价值的。

② 畅所欲言。人们应该表达出任何灵光一现的想法，无论有多不可思议或者稀奇。头脑风暴者应该大胆地表现创新思维。一位直觉公司（Intuit）的全职创意研发者就曾说过："想出最愚蠢的点子并在此基础上进行构建，比没有任何想法要好。"

③ 多多益善。头脑风暴的目的是形成尽可能多的想法，想法越多越好。大量的想法可以增加寻找好的解决方式的可能性。此外，也可以将不同的创意组合在一起。所有的构思创意都归小组所有，因此只要有可能，小组成员就应该对这些想法进行修改和扩展。头脑风暴这种形式拥有热情的支持者和强烈的批判者，但是它仍旧是领导者利用小组形成新想法的最普遍的方式之一。一些公司正以时下十分受欢迎的真人秀为基础，将头脑风暴法应用到了极致。为了获得创意，这些公司把相关人员集中到一起，并让他们相处较长的一段时间。

（2）培养横向思维。

大部分人的思想都遵循类似线性的模式，即从一点到另一点。但线性思维往往无法提供创意的突破。人们使用线性思维时，只会从某个需要的问题或想法出发进行思考。相比之下，横向思维更具创造性。横向思维可以用于改变陈旧的思维方式和认知方式，建立全新的思维方式和认知方式。人们进行横向思维时，会试着"旁敲侧击"，尝试用不同的认识、理念和切入点来找到解决问题的新方法。因此，横向思维似乎是用"非正统"的或者明显不合逻辑的方法来解决问题。但是，横向思维所产生的独特思维关联与解决问题的各种可行办法密切相关。

为了刺激横向思维，领导者给员工提供各种机会来利用大脑的不同区域，从而产生新的创造性的关联。员工如果暂时停止思考某个需要解决的问题，转而去做其他事情，就很可能会刺激大脑的其他区域开始工作。问题的答案也许不能在大脑正在工作的区域中找到，反而会在员工受新经验刺激开始活跃的另一区域中找到。

艾利克斯·奥斯本（Alex Osborn）于1939年首次提出头脑风暴法，并发展了许多创新技巧。其中一个非常有效的技巧是表3-1所示的广泛用于激发横向思维的清单。这个清单似乎在产品或服务需要改进时最为有效。例如，如果想要解决一个为了增加手机销量从而改进手机设计的问题，动词可以激发出分析该物品的不同想法。思考反义词的练习也会对于激发横向思维有显著的效果。物理学中的反义词汇包括前/后、大/小、硬/软和快/慢，以及生物学的对立，包括年轻/年老、生病/健康、公/母和乌龟/兔子。管理学上的反义词比如由上而下/由下而上。商业术语的反义词有买/卖、利润/损失、雇用/开除。

表 3-1 横向思维检查列表

动词	描述
用于其他方面？	作为一种新方式去使用它？修改之后用于他处？
适合？	还有什么是这样的？这意味着什么其他的想法呢？
改动？	改变意义、颜色、动作、声音、气味、形式、形状？其他改变？
放大？	有什么要减少的：消除？更小？更慢？更低？更少？更轻？分裂？更低的频率？
替代？	由谁替代？用什么替代？其他地方？其他时间？
重新安排？	其他安排？其他顺序？改变步骤？
逆转？	颠倒积极和消极？对立面怎么样？转换成反面的？把向上的转为向下？颠倒角色？
结合？	一个融合、合金、品种、合奏怎么样？结合单位？结合兴趣？结合想法？

（3）提供浸入式体验。

横向思维可能被视为"跳出思维框"的思想。而浸入式体验则是深入各区域或主题来激发个人创造力，也被称为"框内思维"，意味着集中注意力浸入到具体的情况或问题的内部。人们可以将一个产品、情况或过程，分解成多个组成部分，利用不同寻常的方式来操纵组件可以创建一个有价值的新思路。

另一种让人们摆脱习惯性思维模式和根深蒂固的观念的方式是沉浸在新的体验中，给出对于熟悉话题的不同观点。一家银行的高层领导者想要管理人员得到新的思维方式，那么他们不仅可以访问竞争银行，还可以访问手机零售店。

而一些领导者会频繁地更换人们的工作岗位和职责，让他们进入新的体验。这种频繁的变化可能让人感到不安，但它会使人们的思想保持新鲜和创新性。

（4）允许暂停。

一些最好的想法往往发生在人们休息时刻，即远离正在解决的问题时，或者是改变正在做的工作时。暂停会激活大脑的不同区域。最近的一项有关创新的研究表明，想要解决问题往往需要一个人停止试图解决一个问题，让心游荡。"当你很难集中你的注意力时，你就会错过想出新点子了。"詹妮弗·威利（Jennifer Wiley），芝加哥伊利诺伊大学的一位心理学教授如是说。

在被问到"在哪儿以及什么时候你会想到最好的点子？"时，人们最普遍的回答是"在洗澡的时候"。如果一个人能在洗澡的时候放空自己，让大脑停顿片刻，那么他就有可能在这数十分钟里灵光乍现，获得很多创意。人的左脑负责分析，而右脑更注重直觉。放松状态的"暂停"就是让左脑暂时休息而让右脑发挥作用，利用潜意识解决问题。

领导者可以在他人需要的时候给他们安静的空间来应用这个方法。中断一个小组会议，告诉人们去散散步或做些简单而又重复的工作，一段时间后，可以让他们带着创新的想法重新开始。"樊登读书会"创始人樊登就曾说过：在他早上快走运动的时候可以得到很多好的想法。运动是个可以获取好的想法、让工作得到自由发挥的方式。

（5）鼓励创造性直觉。

实际上，领导者想要唤醒的创造性洞察力是创造力的第二阶段，而创造力的第一阶段是数据采集。在这一阶段，人的大脑不停地收集信息，特别是当人们在分析待解决问题的背景资料时，这种活动最为明显。随后，创造性洞察力会如直觉般从潜意识深处迸发出来。在很多商业领导者眼中，这似乎毫无根据，因此这种与直觉相关的过程很难被人接受。但是，人们潜意识里记录着所有被显意识遗忘的经历。因此，在利用直觉分析问题时，所触及的领域要远远超过任何只针对当前问题的分析过程。

3.3　实施变革

领导者经常将创新、变革和创造作为增强组织实力的方式，但许多人认为变革带来的只有痛苦和破坏。想要领导人们顺利适应变革，很重要的一点是要理解——人们对于变革产生抵制是很自然的，抵制变革的理由很多时候是合乎情理的。

员工抵制变革的根本原因在于它违背了员工和组织之间的私人契约。私人契约中约定的相互义务和承诺，定义了员工和组织之间的关系。它们包括诸如工作任务、绩效要求、评价程序和薪酬。私人契约还包含如相互信任和依赖，以及共同的价值观等元素。当员工认为变革会违反个人协议时，他们很可能会抵制。

1. 帮助人们改变

许多领导者难以理解为什么对于许多人来说变革如此困难。殊不知，一旦开启新事物，就意味着旧事物的终结，对于大多数人来说，放弃当下珍惜的东西总是很难，即使人们希望获得新事物。比起关注新的开始和变革带来的好处，人们的情感总是会依旧牵绊在当前的情形以及可能会失去的东西。

行为的改变取决于人们对于情境感情的改变。人们在拥抱新事物之前必须在心理上和情感上都对旧事物放手。图 3-3 展示了人们在成功完成改变的过程中所需经历的阶段。帮助某人进行改变，首先需要处理他与要结束的旧事物之间的感情，而不是否认这些感情或者试图让人们停止这种感受。之后，人们会进入中立区，在这个阶段人们已经放弃了旧事物，但是还没有准备好去迎接新事物。最后，进入新的开始阶段。如果没有处理好与旧事物的关系，人们不会进入到这个阶段。

当领导者要实施变革的时候需要先问一下"谁会失去什么"。在公司里，工作内容、技术或结构的改变可能意味着某些人不再拥有他们之前享有的权利或特权。当变革是由外部强加到他们身上时，他们会感觉失去了对自己生活的控制，从而激起强烈的感情反应。辉瑞制药公司的高管想要引进一个计算机系统来收集和处理研究实验数据，这可能会削减 40% 的新药物开发成本。但研发部门经理却拒绝这套系统，声称他们担心自动化和标准化案例研究报告的形式会阻碍他们的灵活性和创造力。

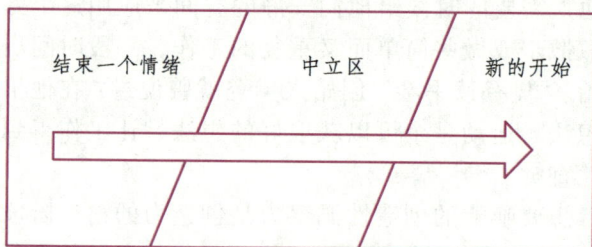

图 3-3　改变的过程

在工作中，员工可能会担心改变工作程序将意味着结束他们原有的工作组，或担心新技术可能会使他们失去自主权或原有状态。例如，在"货车帮"，我国一家智慧物流综合服务商，司机一开始反对使用导航软件：他们觉得新技术意味着终结他们的自由，因为经理可以跟踪他们的行动。公司管理者意识到：如果你不告诉员工将会发生什么，他们会自己瞎猜，并且几乎从来都是往坏的方向猜。

2. 帮助人们改变的方法

大多数人认为如果自身有一个清晰的选择："改变还是死亡"，自己会很快做出改变的。但事实上，科学研究表明，大多数人很难改变，即使告知不改变将导致他们早早"进入坟墓"。

改变人们的思维和行为很难，但是存在一定的可能性，要达到此目的的关键在于利用好以下五大要素：积极的情感引力、辅助性的关系建立、重复新行为、参与和事后评估。

（1）提供积极的情感引力。积极的情感引力可以唤醒一个人对未来的希望和梦想，使得员工关注变革的可能性，而不是集中在试图"修复"弱点或缺点。人们学习和改变，是因为他们想这样做，不是因为他们应该这样做。这意味着他们需要一个可以鼓舞人心的愿景。当明迪·格罗斯曼（Mindy Grossman）成为 HSN 的首席执行官的时候，她发现公司业务基本上支离破碎，员工们士气低落、情绪压抑。她做了一件事，作为实际的积极情感引力，来给予员工希望和动力：有一天她带着垃圾桶来到公司总部，并告诉员工把坏掉的家具丢掉，清理杂乱的环境。之后，她安排把整个大楼清洗了一遍并重新涂刷，并给每个人都购买了新的高档办公椅。

（2）确保辅助性的关系建立。领导者帮助人们建立新的、带来希望的情感关系，使人们相信他们有能力去改变，并激励人们期望发生改变。例如，高效的社会运动的领导者，非常擅长给人们可以改变的希望和信心。这种领导者、导师或企业组织内的新型关系可以帮助人们学习和实践需要改变的新技能和习惯。

（3）重复新行为。人们需要一遍又一遍实验和练习新技能的机会，从而使新习惯固定下来。锡达斯·西奈医学中心（Cedars-Sinai Medical Center）的流行病学家使用一个实验显示，医生的手满是大量的有害细菌。通过将一幅最脏的图片作为医院计算机网络的屏保这一措施，每个员工都不断被提醒勤洗手的重要性。最终通过反复实践，手部卫生合格率飙升近 100%，并维持了下去。

（4）使人们早早参与进来。当人们参与帮助设计变革，他们将更投入于此。尽管这种方法耗工耗时，但它能增强人们对于变化活动的控制感。他们能更好地理解变化，并致力于使其成功实现。

（5）应用事后评估策略。一个优秀的变革评价和反馈机制是事后评估。事后评估指的是评价变革活动的后果，哪部分有用，哪部分没用，得到了什么教训。在每次重要活动——无论是实战还是模拟训练中，人们都应花 15 分钟来讨论 4 个重要问题：应该发生什么？实际发生了什么？什么导致了这些不同？我们能学到什么？

今天这种环境下变革的性质和速度可能会非常令人振奋，但也可能会导致不便、痛苦，甚至是恐惧。智慧的领导者可以引导人们渡过变革期并使之成功。

变革是组织管理中必然会发生的事情。领导者在面临变革时，要在最需要的部门提升创造力和创新实践。当今领导者的最重要的任务之一就是驾驭所有员工的创造精神。在实施变革的过程中，要提供积极的情感引力，确保辅助性的关系建立，使用重复、参与和评测等方法来帮助他人改变。

"改革之路，道阻且长"

野上麦田食品公司（Rosmitna Food）曾经是一家提供健康的冷冻包装的餐饮公司。公司现在面临的挑战包括顾客们需求的改变，对时间和金钱的敏感等，同时他们面对来自行业领袖元祖、宜喜、精益美食等公司前所未有的竞争。

行业内激烈的竞争意味着各公司必须极力争取提高质量，改进包装、提升运输，并减少烹调次数等环节。和它的竞争对手一样，野上麦田公司希望通过降价和推出新产品的方式来增加市场份额。

为了应对这些挑战，首席执行官温迪设立了一个新的管理职位来监控价格和采购，并聘请了威尔克斯一名退休的校长来担任这一职务，给了他广泛的行动自由空间来设定新规则和新程序。随着首席执行官温迪宣布任命，威尔克斯进入了公司。经过一番密集的内部研究和信息收集，威尔克斯把注意力集中在他所看到的主要问题，即定价和采购决策的区域化——各地区经理制定自己的标准，并管理着自己的合同。

这种情况为威尔克斯送来了危险信号。他为公司新的可持续发展策略做了一个全面的电子邮件通知，通知各区域办事处"从现在开始，区域经理针对超过 3%的任何价格变化必须通知威尔克斯本人。此外，金额在 10 000 元以上的所有本地采购合同，也必须在实施前获得来自威尔克斯办公室的批准"。

这些新的标准化程序指令被发给区域经理。这些管理人员，根据他们的即时反馈，都在更改工作流程。但接下来一个月后，威尔克斯却越来越感到挫败，因为该公司的情况仍像以前一样。虽然经理们明面上不抵抗，并且在不同地区频繁的通信中，包括电子邮件、传真和电话会议等他们都做出保证，马上进行改变。但他们每周的拖延症依然不变。在复杂的情况下，威尔克斯似乎也没有从忙于自己事务的公司高管那里得到支持。而温迪等高管对为促进效率而采取新举措态度冷淡，并没有显示出对改革的全力支持。新的计划难以进行，并且威尔克斯知道公司利润难以增加的话可能导致自己失去工作。

"如果不变革的话，"威克斯抱怨道，"区域经理们将维持他们的工作，而我的工作将被削减。"

威尔克斯想知道他下一步应该怎么做，有哪些方式可以通知经理们实施新的程序？他可以利用什么高压政策吗？他怎么能让温迪知道他们对改革表示支持的重要性？他应该做什么来改变野上麦田食品公司不想实施新标准的情况？

1. 你认为这些地区经理们不响应威尔克斯变革的原因是什么？就实施变革这一项，威尔克斯做错了什么？

2. 威尔克斯应该对他试图实现的变革向温迪寻求更积极的支持吗？他应该怎么做？

3. 制订一个计划，让威尔克斯可以成功重启这次改革的实施。

你是一位变革型领导者吗？

说明：仔细思考你目前或最近的全职工作。根据你在工作中的观点和行为请回答以下 10 个问题，指出每一条对你来说是基本符合还是基本不符。

	基本符合	基本不符
1. 我常常试图采用改进后的程序做我的工作。	_____	_____
2. 我常常为了高效而改变我的工作。	_____	_____
3. 我常常试图改进工作小组或部门的工作流程。	_____	_____
4. 我常常试图建立一个新的工作方法，以更有效地为公司服务。	_____	_____
5. 我常常试图改变组织中无效或起反作用的规则或政策。	_____	_____
6. 我经常对提高组织内部如何运作提出建设性的意见。	_____	_____
7. 我常常试图改正错误的流程或实践。	_____	_____
8. 我常常试图消除冗余或不必要的程序。	_____	_____
9. 我常常试图实现解决紧迫的组织问题。	_____	_____
10. 我常常试图引入新的结构、技术或提高效率的方法。	_____	_____

得分与解释

请把你标记为"基本符合"的题目数量相加，得到你的分数。

这个题目测试出了人们在工作场所领导变革的程度。变革型领导者也被看作变革发起者。得分高于 7 分说明你有很强的负责领导变革的愿望。得分为 3 分或 3 分以下则说明一种希望别人负责领导变革的态度。

在变革型领导者通过图 3-1 中的模型支持大规模的变革计划前，他们通常先在自己负责的工作范围内着手进行变革。你在工作或生活中会负责领导变革吗？把你的分数与同学的进行比较，有什么不同吗？你认为自己是一名变革型领导者吗？

【笔记栏】

下　篇

管理沟通基础

第四章

管理沟通的概念

案例导入

今天，在公司工作了近 10 年的老张拿到人事经理给他的《解除劳动合同通知书》时，一脸愤愤不平，情绪几乎失控。当着他的面，我们也只能替他感到惋惜了。

老张工作不到位的最大原因是不专心听人说话。每天最重要的例会，总经理直接发布任务给各个部门，每个部门的经理都是竖着耳朵认真听，迅速地把任务列入当日的工作计划，会后立刻分解任务到自己部门的人员。

可是，老张"聪明地"利用例会时间看邮件、刷新闻、回复微信等。用老张的话说，例会有什么好听，只要看一下总经理助理发的会议记录就行了。

老张经常不等人家把话说完，他就立刻说："我知道了。"

人家想跟给老张提点建议，老张马上反驳说："不是这样的。"

公司里凡是和老张有工作交集的人，往往都不太放心。因为他总会丢三落四，等你质问他时，他反问："你有说过吗？"

同事们都对老张的工作都不太放心，何况是老板呢？被炒鱿鱼肯定也是迟早的事儿了。

美国前总统奥巴马曾说过："沟通是不可或缺的管理和领导才能，沟通是我们从成功迈向卓越的力量。"老张的例子充分说明，沟通对于个人发展、事业的成败而言非常重要。

与此同时，管理学之父——彼得·德鲁克也曾做过一项实验，他在全球范围内找到不同类型的组织样本千余个，最后得出这样的结论：无论是什么样的组织，其内部69%的问题、矛盾、症结、焦点来自沟而不通，如果沟而相通，那么这个组织必定成功；沟而不通，则只会走向失败。彼得·德鲁克的实验证明了沟通对于组织来说也非常重要。

一句话：沟通对于个人和组织都有着非同寻常的重要性。

4.1 管理沟通的概念

沟通在生活中随处可见，当我们与他人进行了信息交流时我们就进行了一次沟通。沟通是如此日常的事件，我们到底有没有真正地深入了解过它？沟通有哪些形式和类别？沟通的主体是什么？沟通究竟对我们的生活与工作带来怎样的影响？换言之，我们是否真正理解沟通的含义呢？这是值得思考的问题。

松下幸之助曾言："管理，过去是沟通，现在是沟通，未来还是沟通。"

由此可见，沟通对于管理者而言是一种必须掌握的能力，学会进行有效的沟通有助于在管理上取得一定的优势。因此，从管理层面来看，我们首先得弄清楚到底真正的沟通是什么？沟通的重要性体现在哪些方面？

1. 沟通的概念

要了解沟通的含义，可以从沟通二字的结构来解析。

首先来说说"沟"字。"沟"字是左右结构，左边偏旁是三点水，这三个点可以看作代表沟通的三种方式：书面表达，口头表达以及非语言表达。非语言表达又分为副语言和身体语言，而身体语言又分为静态的，如着装、服饰，以及动态的，如肢体动作、各种手势等。

"沟"字的右边是一个"勾"字，可以理解为"勾兑"的意思。而勾兑作为一个工业酿造行业的专有词汇，有两个关键点：一是一定要设定标准，比如要勾兑52°的白酒，要设定勾兑酒的度数、香味、构成等标准；二是标准设定后要交互、动态、反复进行，直到标准达成。"交互"意味着共同参与，"动态"表明随时在变化，"反复"则指要多次重复进行。沟通中的"沟"就是这个道理：沟通双方使用三种不同的沟通方式，首先设定每一次沟通的标准，标准设定后双方积极参与、动态调整、反复进行地来开展交流。而"沟"的目标是"通"！是否"通"？验证的标准只有一条：沟通双方是否达成思想统一和行为一致。很显然，这两条都很难达成，这也是为什么沟通往往很难。"沟"是过程，"通"是结果。"沟"是达到"通"这一境界的桥梁，"通"则是"沟"的最终目的。

2. 管理的概念

管理是指一定组织中的管理者，通过实施计划、组织、领导、协调、控制等职能来协调他人的活动，使别人同自己一起实现既定目标的活动过程。它是人类各种组织活动中最普通和最重要的一种活动。

近百年来，人们把研究管理活动所形成的管理基本原理和方法，统称为管理学。作为一种知识体系，管理学是管理思想、管理原理、管理技能和方法的综合。随着管理实践的发展，管理学不断充实其内容，成为指导人们开展各种管理活动，有效达到管理目的的指南。

从管理的实践角度，可以进一步对管理这两个字做深入地解读。

首先是管。说到管的时候通常会提到"主管"，主管这个词可以理解为，在组织管理中主要的事情才管，不主要的不管。而组织中主要的六个维度是人、财、物、技、讯、时。管对应的动作是计划、领导与控制。"管"强调的是个人的能力。其中，会管的人要会计划。计划什么？计划目标、计划过程、计划预算和计划结果。会管的人要能领导，领导是要带领其他人一起做。何为领导：领，是带领，指的是方向；

导是引导，指的是方法。一个会领导的人，一定是既有方向又能指导引导部下一起完成团队目标的人。会管的人还要善控制，控制什么跟计划什么紧密相关——控制目标、控制过程、控制预算、控制结果。这才是管。懂得这个道理并实际操作的人，才是好的主管。

其次是理。一说到理，人们常提到"经理"，可以理解为组织管理中，经过这个部门的时候才要理，不经过自己的（部门），就不需要理。一个理字，明确了管理机构中的组织条块职能的划分，内部上下层级的界定。理对应的动作也是三个：组织、协调、沟通。会理的人，首先要会组织资源，资源就是上面所述人、财、物、技、讯、时这六大要素，在这里，管和理自然交融了，这也是管理不分家的原因。其次会理的人必须会协调关系，关系有三对：上下关系、左右关系、内外关系。最后会理的人要善于沟通。沟通是管理的载体，是提升和优化管理（平行）效率的关键，更是人生不可忽略的生存技能。会沟通、善沟通，才能事半功倍。

3. 管理沟通的概念

所谓管理沟通，是指为了达到管理的目的或目标而进行的所有沟通行为与过程。管理的过程，也就是沟通的过程。管理沟通就是通过三个方面的管理来实施和展开的。首先是管理好沟通的主体。沟通的主体一般称为发讯人，往往是自己，要做好沟通，必须做好自我的管理。彼得·德鲁克说过："一个优秀的管理者首先是一个优秀的自我管理者。"自我管理包括印象管理、知识管理、情绪和压力管理，还有个人的时间管理等维度。只有不断强化自我管理，才能让我们在沟通前做好充分准备，应对不同的沟通客体。管理沟通的第二个职能就是管理好沟通的客体。客体就是对象，对象不同，沟通的方式、方法、内容、情绪、语气都不一样，要在沟通过程中慎思明辨，小心为之。管理沟通第三个职能最为重要，就是要管理好沟通的方法。方法大都是好方法，但是要根据不同的沟通主体和客体的差异去调试、匹配。管理的核心就是管方法。方法是否正确可以通过经济性、适用性和控制性三个方面来验证。

印象管理视频　　　压力管理视频　　　时间管理视频

总之，沟通的认知、理念、方式和方法都很重要。这也是整个课程的核心内容。

4.2　沟通的方式

在沟通中的表达方式主要分为三种：书面表达、口头表达和非语言表达。各语言表达方式的主要形式如表4-1所示。

表 4-1　语言沟通的类型

书面表达	口头表达	非语言表达
书信	一对一（面对面）	手势
用户电报	小组会	眼神
出版物	讲话	表情
传真	电影	姿态
广告	电视/录像	服装
网络信息	电话（一对一/联网）	语调
报表	无线电	形象
电子邮件	视频会议	社交距离

1. 书面表达

书面记录具有有形展示、长期保持、法律防护依据等优点。因为白纸黑字，言之凿凿，落笔之后不可更改，所以下笔之前必须深思熟虑，因此，书面语言显得更加周密、逻辑性强、条理清晰，且减少了情绪、他人观点等因素对信息传达的影响。但是，书面表达也存在缺陷。同等时间的交流中，口头比书面所传达的信息要多得多。事实上，花费 1 小时写出来的东西，只需要不到 15 分钟就能说完。书面表达的另一个缺陷是没有即时的信息反馈，缺乏这种内在的反馈机制，其结果就是无法确保所发出的信息能被接收者接收到；即使接收到，也无法确保接收者对信息的解释正好是发送者的本意。但是好的书面表达往往带着本人的信息甚至气息，直达人心，有着不可替代的作用。

2. 口头表达

作为最常用最普遍也最容易出错的表达方式，口头表达的特点是快速传递、鲜活多样、即时反馈；在这种方式下，信息可以在最短的时间内被传达，并在最短的时间内得到对方回复。如果接收者对信息有疑问，迅速的反馈可以使发送者及时检查、修正。但是口头表达容易张口就来、说了不算。当信息经过长途传达到终点时，其内容往往与最初的含义存在重大偏差。如果组织中的重要决策通过口头方式，沿着权力链上下传递，则信息失真的可能性相当大，大部分沟通中的误解、内耗、低效都来自口头表达，这样本来该省时的也就不省时，反而是耗时了。

3. 非语言表达

非语言表达包括副语言和身体语言，是与口头表达相辅相成的一种语言表达方式，隐含着丰富的信息。有人说：在言语只是一种烟幕的时候，非言语的信息往往能够非常有力地传达"真正的本质"。其中副语言指的是语言学中"嗯、啊、哎、呀……"这些看似没有意义但是却在语用表达上颇具意味的语气词。副语言的使用有两点要注意：一是不能没有。没有副语言的修饰，一个人的语言会没有特点，没有感染力；二是副语言有不同的语气、语调表达，这没有对错之分，只是意味不同而已。换言之就是发讯人想表达的真实意思，需要接受信息的人体会、揣摩。

身体语言分为静态和动态两种。静态的肢体语言包括一个人的服饰、配饰等外显的形象。这些外显形象在很大程度上体现了一个人的阶级、阶层、职业、收入、审美等。所以，主动管理好自己的形象是印象管理的核心，要有意识地增加或减少外在的配饰配件，做一个明明白白的沟通者。

动态的肢体语言，狭义上是指人的表情、动作、手势等。人与人交流中，动态肢体非常重要，每一个不经意的小动作都可能代表不同的意义。早在查尔斯·达尔文开始研究肢体语言之前，1872年他就曾写过一篇题为《人和动物情感表达》的文章。他认为能读懂肢体语言无论对学习和工作都很有用。国际上著名的心理分析学家、非口头交流专家朱利乌斯·法斯特曾写道："很多动作都是事先经过深思熟虑，有所用意的，不过也有一些纯属于下意识。"也就是说，人的思维或认知过程会受到身体的影响。同时，一个特定的动作也可能与一种认知或情感状态相联系。

广义的动态肢体语言，是希望管理者在实施管理的过程中，能有意识地主动地下场管理，走到一线员工面前、走到企业管理的真实环境里去。这样的好处是，不但可以拓展管理者的管理空间，还能打破常规，给人更加主动、亲和、有效的印象。

因此，卓有成效的管理者，除了需要熟练掌握沟通管理技巧之外，还需敏锐捕捉、准确识别对方在沟通中通过各种非语言因素流露出来的语言信息和非语言信息，以顺利达成沟通目的。

4.3 沟通的过程

沟通的过程是指信息发送者借助语言、文字、动作及表情等载体，将知识、思想、情感等信息送达信息接收者的过程，它由一个个关键环节构成，其中，各个沟通环节的要素主要包括信息发送者、编码、通道、译码、反馈以及信息接收者六项，如图4-1所示。

1. 信息发送者

信息发送者是沟通过程中主动发送信息的一方。信息发送者首先确定沟通的对象，选择沟通目的，开始沟通过程。进行有效的沟通前，沟通发送者应明确需要沟通的信息，并将它们转化为信息接收者可以接受的形式。

2. 编码

编码将信息转换成可以传输的信号的过程，这些信号或符号可以是文字、数字、图画、声音或身体语言等。信息发送者必须将信息编码成接收者可以解码的信号。也就是说，信息发送者发送的信息与信息接收者接收的信息必须一致。信息在编码过程中将受到发讯者的技能、态度、知识和社会文化程度等的影响。如果编码的信号不清楚，将会影响受讯者对信息的理解。

3. 通道（传递）

传递是信息发送者将代表信息的信号传送给接收者的过程。由于选择的符号种类不同，传递的方式也不同。传递的方式可以是书面的，如信、备忘录等，也可以是口头的，如交谈、演讲、电话等，甚至还可以通过身体动作来表述，如手势、面部表情、姿态等。

4. 译码

译码是信息接收者将获得的信息信号进行解码、翻译为可理解信息的过程。信息接收者在译码的过程中，需要与经验、知识、文化背景相结合，才能使获得的信号转换为正确的信息。如果解译错误，信息将会被误解或曲解。沟通的目的，就是信息发送者希望信息接收者能根据其所发出的信息做出相应的反应并采取正确的行动，如果不能达到这个目的，就说明产生了沟通障碍。

5. 反馈

反馈是将信息返回给信息发送者，并由信息发送者对信息是否被接受和理解进行核实，是沟通过程的最后一个环节。同时，信息发送者根据核实的结果再发出信息，以进一步确认所发出的信息是否已经得到有效的编码、传递和译码。通过反馈，才能真正使双方对沟通的过程和有效性加以正确把握。

6. 信息接收者

信息接收者是沟通过程中接收信息的一方。在沟通的不断循环过程中，信息的发送者与信息接收者的身份会不断改变，特别是在双向沟通中，无论哪一方，都既要充当信息发送者，又要充当信息接收者。

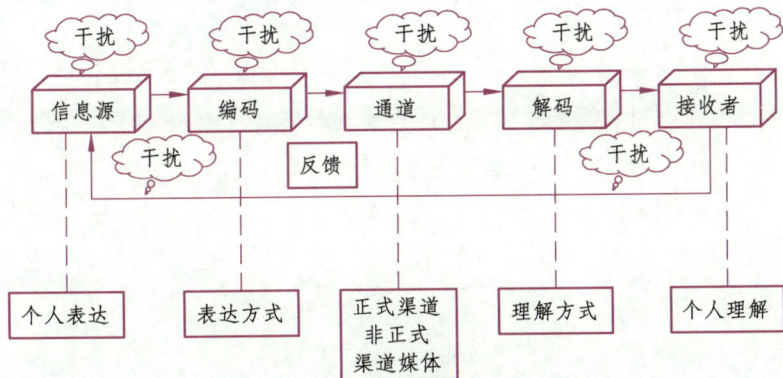

图 4-1　沟通路径概览

【沟通训练】

小邓是新上任的经理助理，平时工作主动积极且效率高，很受上司的器重。一天早晨，小邓刚上班，电话铃就响了。为了抓紧时间，她一边接电话，一边整理有关文件。这时，员工老赵来找小邓。小邓正忙着接电话，就在纸上写下"等一会"，于是老赵就站在桌前等着。只见小邓一个电话接着一个电话。最后，老赵终于等到可以和小邓说话了。小邓头也不抬地问他有什么事，并且一脸的严肃。然而，当老赵正要回答时，小邓又突然想到什么事，与同室的小张交代了几句……这时的老赵已是忍无可忍了，他发怒道："难道你们这些领导就是这样对待下属的吗？"说完，他愤然离去……

思考：

1. 这次沟通失败是小邓的错还是老赵的问题？

2. 这次沟通在哪些环节上出现了问题？应该如何改进？

【总结与回顾】

沟通不但对于组织而言非常重要，对于个人而言也是基本的生存技能之一。本章从什么是沟通、什么是管理、什么是管理沟通三个层面解构了沟通这一学科的基本内涵和学习关键。沟通的三种基本方式各有优缺点，只有熟悉沟通的形式和特点，才能选择恰当的方式来开展沟通。沟通的"沟"更多指的是过程，在这一过程中，沟通双方必须交互、动态、反复地进行交流，直到"通"了为止。作为"沟"的目标和结果，"通"了与否有两个标准：思想统一、行为一致。沟通的过程是一个复杂的信息流、情感流在诸多干扰下艰难传递和双向解读的过程，因此，避免干扰、避免信息传递过程中的变形、衰减，是沟通双方都要努力的方向。

【学习训练营】

杨大海是华南某食品连锁有限公司的常务副总，由于公司业务的飞速发展，他对外招聘了17位商店经理。杨大海对于新经理的加入似乎并不在意，他认为，公司扩大了，对外招聘基层管理人员是很自然的事情，员工们对此应该是理解的。后来他听到了一些议论，一些老员工对此意见很大。他和助手走访了各家商店，注意到商店经理和区域主管认为公司在实行新的人事政策。回到公司后他与其他几位公司领导商谈，准备印刷一些宣传品，或者召集区域主管和商店经理开两天会，介绍公司的发展状况、经营目标和发展方向。但是有人认为印刷品不能清楚地说明这些内容，而公司又没有专人负责这些事情；也有人认为开这样的会耗钱费时，人员也难以集中，而且会影响经营。由于意见不一致，此事被搁置下来了。

不久，有关的议论越来越尖锐，例如："公司上层领导把我们都忘记了""像我这样干了16年的老员工马上就要被扫地出门了""我们这些元老要被人取代了"等。

1. 书面报告练习

请以杨大海的角色给华南某食品连锁有限公司的董事长就公司目前状况写一份报告。报告内容要对公司面临的形势、人事问题、员工士气等情况进行分析。

2. 口头报告练习

在完成书面报告后，应董事长要求，杨大海向董事会作口头汇报。请以小组的形式模拟杨大海汇报的场景，并同与会人员进行问答。

【自我技能测试】

你是否有对管理沟通给予足够的重视?

对于下面的每一个问题,请选择一个恰当的数字进行描述:

1—非常不符合;2—比较不符合 3—基本符合 4—比较符合 5—非常符合

1. 我会与同学因为意见不合而起争执、闹矛盾:＿＿＿＿
2. 我常会因为不懂礼节而被别人提醒、教导:＿＿＿＿
3. 我不是很清楚电子邮件、通知、书信有怎样的规范:＿＿＿＿
4. 我常常不知道该如何与不熟悉的人发起话题:＿＿＿＿
5. 在团队任务中,我常常保持沉默。即便内心有想法,也会犹豫不决,难以表达:＿＿＿＿
6. 当我在一场会议后有困惑时,很少去主动询问别人:＿＿＿＿
7. 我害怕在公共场合表达自己的想法:＿＿＿＿
8. 我常会在与人沟通的过程中感到紧张或窘迫:＿＿＿＿

得分与解释

将你所填写的所有数字加总得到你的测试分数。

分数越高,说明你在日常生活中的沟通积极性和得体性越低,越需要对沟通给予重视。如果你在生活中常常遇到各种麻烦,不妨从每一次沟通开始回忆、复盘,这或许可以帮你积累很多宝贵的经验。

【笔记栏】

第五章

管理沟通的理念

案例导入

　　1995 年，美国普林斯顿大学心理实验室做了一个实验，在全美召集了一万名职场新人参与，五年之后对这一万名参与者进行访问，得出一个结论：一个人事业上的成功 75% 取决于他的人际关系与沟通能力，仅有 25% 取决于他的专业知识和技能。之后哈佛大学的心理实验室对这一万名志愿者继续进行为期五年的跟踪调查，这项研究结果表明，一个人在工作中能否取得成功，85% 取决于一个人的人际沟通能力，只有 15% 取决于一个人的专业知识技能和工作经验。由两组数据对比可知，沟通和人际关系的构建是成功的关键，是真正需要培养和提升的软实力。同时，这组数字随着时间的推移而发生的变化，更是告诉我们：人际沟通能力作为成功人士必备的重要素养，随着入职时间的不断增加，职位的不断升高，职场阅历的不断丰富，会显得越来越重要。

5.1　沟通的重要性

　　一个人的成功不仅与他的专业知识和技能有关，而且也非常依赖他的沟通能力和人际关系。无论在哪里工作、学习和生活，人们接触得最多的还是各种各样的人，沟通的重要性正是体现在它能够很好地让人们互相理解，而一切沟通的开始就是告诉别人"你是谁"，让别人能够更好地了解自己，从而开始一段好的人际关系。在企业里，良好的沟通能让我们：

　　（1）思想一致，产生共识。

　　（2）减少摩擦争执与意见分歧。

　　（3）疏导员工情绪，消除心理困惑。

　　（4）使员工了解组织环境，减少变革阻力。

　　（5）使管理者洞悉真相，排除误解。

　　总而言之，企业里沟通的重要性是怎么强调也不为过的。

5.2　沟通的意义

　　沟通的意义不是强制说服对方，而是通过语言、文字或者一些特定的非语言行为

（指外表、脸部表情、肢体动作等），把自己的想法、要求等表达给对方。

怎么去沟通？沟通首先是识别并认同对方的底线。识别底线需要智慧，认同底线需要胸怀。"世事洞明皆学问，人情练达即文章"，说的就是这个道理。因此，首先要识别对方的底线，然后在此基础之上再去沟通，去求同存异。

沟通是需要沟通主体和客体两方面共同参与的，发讯人（发送方）和收讯人（接收方）都要努力，才能顺利完成沟通。那么如何验证发讯人和收讯人是否都在参与沟通呢？这就要看信息发送方和接收方在同一时间内是否做到以下三点：交换信息、交流感情、表明态度。

首先是要交换信息。检测一下，会发现在人们的工作生活中，有很多场景都是只有单向沟通没有双向交流的。没有信息的充分互换和交流，会很大程度上影响语言组织、信息接收和决策判断。特别需要注意的是，信息本身是中立的，但是沟通中的信息会受到两种环境（语言环境、心理环境）的影响，并被变形、加工和扭曲。要想避免受到这样的影响，同样需要双方的努力：传送方要尽可能地把信息发送完整，避免双方对非充分表达的歧义和误解；接收方在解码信息时也不能想当然，对于未能理解清楚的信息一定要及时反馈、询问。

5.3 沟通的原则

1. 平等

平等待人是沟通和人际关系发展的前提和基础。平等不是人人皆有份，而是通过合理地对待而达成的一致和平衡。因此，在沟通时就要求越是职位高的人越要"将就"职位低的人、越是能力强的人越要"照顾"能力弱的人。这就解读一句话：越是大师越虚怀若谷，越是大家越平易近人。

2. 信用

信用既是沟通的原则，也是做人的根本。信用信用，要用，才有信。所以在沟通中首先要勇于表态、敢于发声，但是一旦发声，就要言必行、行必果。

3. 互利

互利，即相互"利用"。利用指的是先用 —— 善用彼此资源；后利 —— 分享共同利益，即鼓励沟通双方要开放心态、相互交流、共享其成。

4. 尊重

尊重所有的人，是一种教养。尊重，就是要心有所虚，心有所惧。不管沟通双方身份高低，都要养成尊重所有的人的习惯。

平等、信用、互利、尊重，这四个词虽然广为人所知，但是却难以做到，更有甚者，有些人不是做不到，而是不做到。这就不单单是能力的问题，而是态度的问题了。

【沟通小贴士】

在生活中，我们可能遇到过以下这些情况：同事抱怨客户的难缠，好朋友请教恋爱中的小问题，子女倾诉学校里的烦心事……事实上，在他人向自己寻求意见时，很多人都不知道该如何回应。笔者给出以下切实有效的"五句话"沟通建议：

第一句，"……还有吗"。首先这表示倾听者在认真参与，其次这能提醒对方是否遗漏了重要信息，如果有，对方会进行补充，如果没有则会把他认为更重要的信息重复一遍。

第二句，"那我重复一下，看看我理解的对不对"。这句话有两个功能，一是保证双方的信息达成一致的平衡，二是彰显自身总结语言的能力和专业性。

第三句，"那我再问几个问题……"。这句话既能展现自己独特的看问题的视角，也是通过对问题进行归纳，从而提炼出解决问题的思路和关键点。

第四句，"通过以上对话，从专业上来说，我的建议是……"。这是不带感情色彩的视角，给出理性分析的回答，体现倾听者的理性和专业性。

第五句，"最后，从情感（过来人、同路人等）的角度来说……"。这是感性的视角，从共情的状态下，给出更符合情感倾向、同理心的回答。

【总结与回顾】

沟通在组织中十分重要，其意义是通过有效沟通，保证信息传达正确无误、信息内容没有衰减或变形；组织中通过沟通还可以减少摩擦、消除分歧、减少变革中的阻力等；而个人的沟通能力无疑是伴随人一生的生存技能。本章从沟通的重要性、沟通的意义、沟通的关键和沟通的四项基本原则的角度梳理了沟通的理念 。这些指导性的知识点正是我们开启沟通的思想武装和准备。

【学习训练营】

大学毕业后，马瑞入职东莞的一家生产食品添加剂的公司。她之所以选择这家公司，是因为该公司规模适中、发展速度快，最重要的是该公司的人力资源管理工作还处于尝试阶段，如果马瑞加入，她将是人力资源部门的第一位员工，即将大展身手。但是到公司一个星期后，马瑞陷入困境。原来该公司是一个典型的小型家族企业，企业中的关键职位基本上都由老板的亲属担任。一天，她拿着自己的建议书走到老板办公桌前说："老板，我来公司已经一个月了，我有一些想法想和您谈谈，您有时间吗？""来来来，小马，我本来早就应该和你谈谈了，只是最近忙忘了。"马瑞说："老板，对于一个企业来说，要实现持续发展必须在管理上狠下功夫。据我目前对公司的了解，我认为公司主要的问题在于职责界定不清；雇员的自主权利太小；员工的薪酬结构的制定随意性较强……"老板微微皱了一下眉头说："你说的这些问题确实存在，但是我们公司正在盈利，这说明目前的体制有它的合理性。""可是眼前的发展并不代表将来也能发展，许多家族企业败在了管理上。""好了，那你有具体方案吗？""目前还没有，这只是我的一点想法。如果得到了您的支持……""那你先回去做方案，资料留在这我先看看。"说完老板注意力又回到了研究报告上。最后这件事石沉大海。

思考

本案例中马瑞和老板沟通失败，他们各自忽略了哪些沟通的原则？

你擅长沟通吗？

对于下面的每一个问题，请选择一个恰当的数字进行描述：

1—非常不符合　2—比较不符合　3—基本符合　4—比较符合　5—非常符合

1. 当我来到一个新环境，我可以快速与别人开始交流：_____
2. 我有能力在一场会议中得体地阐述自己的观点：_____
3. 我知道该如何在日常生活中书写一封规范的书信或电子邮件：_____
4. 在进行重要的会议或其他类型的交流前，我会预估可能出现的问题并予以关注和准备：_____
5. 我可以熟练地使用流程图、思维导图等图表来表达我的想法：_____
6. 我会在与人交流时注意对方的肢体语言，并能解读其中的含义：_____
7. 在沟通时，我会认真倾听对方的想法，领会对方所说的内容：_____
8. 我能及时注意沟通过程中对方的反馈情况：_____

得分与解释

将你所填写的所有数字加总得到你的测试分数，分数越高则说明你对沟通的了解越多。

得分为 33 ~ 40 分：你的沟通能力很强，对一些基本的沟通技能掌握得非常好；

得分为 25 ~ 32 分：你有一定的沟通能力，在大多数场合都能应对自如；

得分为 17 ~ 24 分：你对沟通有最基本的了解，可能偶尔会不知所措；

得分为 8 ~ 16 分：你对沟通的运用不是很熟练，需要加强此方面的锻炼。

【笔记栏】

第六章

沟通的障碍分析

案例导入

一位教授精心准备了一个会议上的演讲，这次会议的规格之高、规模之大都是他平生第一次遇到的。全家都为教授的这一次露脸而激动，为此，妻子专门为他选购了一身西装。晚饭时，老婆问西装合身不，教授说上身很好，裤腿长了那么两厘米，倒是能穿，影响不大。

晚上教授早早就睡了，教授的母亲却睡不着，琢磨着儿子这么隆重的演讲，西裤长了怎么能行。反正人老了也没瞌睡，就翻身下床，把西装的裤腿剪掉两厘米，缝好烫平，然后安心地入睡了。

早上五点半，妻子睡醒了，因为家有大事，所以比往常早些，想到丈夫西裤的事，心想时间还来得及，便拿来西裤又剪掉两厘米，缝好烫平，惬意地去做早餐了。

一会，女儿也早早起床了，看妈妈的早餐还没有做好，就想起爸爸西裤的事情，寻思自己也能为爸爸做点事情了，便拿来西裤再剪断两厘米，缝好烫平。

6.1 沟通主体障碍

沟通的主体，即沟通的传递方，是沟通的主要的信息发送者。来自主体的障碍可以归纳为两类：第一类是主观问题，第二类是客观问题。

1. 主观问题

主观问题主要是由于信息发送者的态度出现了问题。首先是只要别人听自己的（固执己见）。在中小学的课堂上，大家可能有过这样的经历，当同学们在课堂上窃窃私语时，老师为了维持课堂纪律，通常都会说："你们说还是我说，你们说吧，你们说完了我再说。"这样的表达，体现的是任课老师的主观意识——学生只能听我的！我说话的时候别人不允许发言。而事实上，教学中，越来越主张教学相长、反转课堂，这样的沟通态度不利于学生的自主学习。其次是对信息接收方的反应不灵敏（不会察言观色），如果我们说话的时候不在乎对方的反应，没有发现对方对自己讲的话有没有产生兴趣，那就等于是白说，所以我们得根据对方的反应调整自己的语言，把话说到别人的心坎上，让别人把自己的话听进耳朵里。

2. 客观问题

客观问题一般包括用词错误，词不达意；咬文嚼字，过于啰嗦；不善言辞，口齿不清。有的人可能因性格内向，不善于跟别人聊天，或者说在台上就紧张得说不出话来，但出现这些客观问题最重要的原因其实还是个人的积累和训练不够。乔·吉拉德被称为"世界上最伟大的推销员""汽车销售大王"，他从1963年至1978年总共推销出13001辆雪佛兰汽车，不是批发，而是一对一的零售。他所保持的世界汽车销售纪录——连续12年平均每天销售6辆车，至今无人能破。但是其实是他从小就患严重的口吃，说话结巴。所以说沟通能力是可以训练出来的。

【沟通小贴士】

有一个"一万小时法则"，是指从最初的起点开始，只要坚持10 000个小时，就可以成为这个领域的专家。要想锻炼自身的口头表达能力，我们可以大声朗读报纸或者精品文章，每天坚持15到30分钟。朗读这些的目的不仅仅是锻炼沟通表达的能力，还可以从中了解到国家的时事，并从中"读"出很多有用的信息和表达方法。

6.2 沟通客体障碍

沟通的客体主要指信息接收方，也就是通常所说的倾听者。沟通客体存在的障碍也可以归纳为两类问题：主观问题和客观问题。

1. 主观问题

（1）先入为主。

在我们与别人沟通之前，如果对方对某一事物有一个固有的认知，那么当我们表达出不一样的想法时，对方会受自己认知的影响，不会轻易接受我们的观点。

（2）偏见。

偏见是对某一个人或团体所持有的一种不公平、不合理的消极否定的态度。当对一个人存在某种成见时，我们思维会对交流的信息进行主观的判断，沟通障碍就在这个时候产生。

（3）光环效应。

又称晕轮效应、光圈效应、成见效应，是指人们对一个人的某种品质或者一个物品的某种特性一旦有了非常好的印象，就会对这个人的其他品质或者这个物品的其他特性给予比较好的评价，"爱屋及乌"和"名人效应"是生活中典型的光环效应。

（4）选择性倾听。

事实证明，人们在倾听的时候都会倾向于选择了解对自己有利的事情，并更愿在某件事情上听符合自己意愿的话。这样的选择性倾听会让我们在沟通时难以获得完整的信息内容，从而产生或轻微或严重的沟通障碍。

2. 客观问题

客观问题包括听不清楚、情绪不佳以及没有注意到对方的言外之意等。这些客观问题，可能导致沟通不畅。因此需要沟通者，尤其是倾听者要做好充分的准备，比如选择安静、较舒适的环境；确保自己的身体和状态调整到位、随时能接受完整信息；还要努力将自己和信息传递方调整到相同的沟通频道，格外留心对方的信息内容、语气、谈话的目的等浅表、甚至深层的表达，确保不误读、不少读。

6.3　沟通环境障碍

沟通的环境，就像一个无形的管道，沟通双方的信息在中间自由地交换。但是，这个管道不是普通的信息空间，它还具备情感、心理方面的拟人功能。信息传递管道运用不当，就会出现如下问题：经过他人传递而产生误会；环境（如表白的场所）选择不当；沟通时机不对；有人蓄意破坏、挑衅等。

通常可以将"管道"分为两类：一类是由时间与地点组成的物理空间，一类是参与沟通双方的心理环境。物理空间的选择很重要，它会影响沟通的整体氛围。假设一位男上司夸女下属穿得漂亮，他应该选择在上班时间、公共空间夸奖，而选择私密空间则是不合适的。心理环境则很容易理解，参与沟通双方的心情、条件、气场等，也会对沟通的效果产生影响。

例如，在做市场调查时，与被调研对象在谈话时经常会利用工具、设备进行空间布置，来给予对方心理上的疏导或是压力；普通的问话通常使用圆桌以让对方感到平等，三角桌的布置则会让对方感到平衡，单张课桌加一张座椅的布置会让人感到压力。此外，不同的谈话时间也会带来不同的谈话效果。人在晚上的时候精力最倦怠，在此时请人谈话更容易给对方带来压力；相反，人在白天精力充沛，应变能力较强，谈话的威慑力就比较有限。

表 6-1 列出了主要的沟通障碍。

表 6-1　沟通的障碍及原因

传递方	1. 用词错误、词不达意 2. 咬文嚼字、过于啰嗦 3. 不善言辞、口齿不清 4. 只要别人听自己的 5. 态度不正确 6. 对接收方反应不灵敏
接收方	1. 先入为主 2. 听不清楚 3. 选择性倾听 4. 存在偏见 5. 光环效应 6. 情绪不佳 7. 没有注意言外之词
传递管道	1. 经过他人传递而产生误会 2. 环境选择不当 3. 沟通时机不当 4. 有人破坏、挑衅

沟通的障碍主要来自三个方面：沟通的主体、沟通的客体和沟通的环境。沟通的障碍无处不在，有时候是一方面出了问题，绝大多数情形是三个方面都出现了问题。前一章阐述沟通是主体编码，客体解码的过程，看起来这个过程十分简单，但是通常情况下，很多时候会因传递方（主体）表达的信息不全，或者态度不对，导致沟通失败；而反过来，接收方（客体）因为各种原因误读误判原本中立的信息，也造成"讲者无意，听者有心"的结果。沟通过程也是需要加强重视和管理的环节。因为沟通中的物理空间、心理因素和他人转达等复杂因素，也会让沟通变得"危机四伏""困难重重"。因此，了解沟通可能存在的障碍是解决沟通困境的先决条件。

【学习训练营】

小丁傍晚骑电动车回家，在楼道入口处停下车，想先取下电瓶，然后自己将车停到车库后拿着电瓶上楼。他本来也知道不应该将车挡在楼道口，但是因为想省事而且停车时间较短就没有在意。不料被身后的几位老太太看见了，他们就七嘴八舌唠叨起来："哎呀小伙子，挡住楼道了""挪到边上去吧""哎呀现在的年轻人……"小丁回头一看正是每天晚上在楼下跳广场舞的几位老太太，回想起自己每天晚上被音响吵得休息不好，于是忍不住说："你们看清楚，我拿下电瓶就是要停到车库的，你们这些老太太怎么这么麻烦。""哎？！现在的年轻人真的不知道尊老爱幼了，怎么能这么说话……"于是，几位老太太与小丁在楼道里吵了起来。

思考

在该事件中小丁存在哪些沟通的障碍？可以怎么解决？

沟通能力测量表

1. 在说明自己的重要观点时，别人不想听你说，你会？
   - A. 仔细分析对方不听的原因，找个机会换一个方式说
   - B. 等等看还有没有说的机会
   - C. 不说了，但很生气
   - D. 马上气愤地走开

2. 去参加老同学的婚礼回来，你很高兴，而你的朋友对婚礼的情况很感兴趣，这时你会？
   - A. 详细述说从进门到离开时所看到和感觉到的
   - B. 说些自己认为重要的
   - C. 朋友问什么就答什么
   - D. 感觉很累了，没什么好说的

3. 你正在主持会议，而你的一个部属却在玩弄他的手机，这时你会？
   - A. 幽默地劝告下属不要玩手机
   - B. 严厉地叫下属不要玩手机
   - C. 装着没看见、任其发展
   - D. 给那位下属难堪，让其下不来台

4. 你正在跟领导汇报工作时，有人急匆匆跑过来说有你一个重要朋友的长途电话，这时你会？
   - A. 说在忙，稍后再回电话过去
   - B. 向领导请示后，去接电话
   - C. 说不在，叫人问对方有什么事
   - D. 不向领导请示，直接跑出去接电话

5. 要与一个重要的客人见面，你会？
   - A. 精心打扮一下
   - B. 换一件自己认为很合适的衣服
   - C. 只要穿得不要太邋遢就可以了
   - D. 像平时一样随便穿

6. 你的一位下属已经连续两天下午请了事假，第三天上午快下班的时候，他又拿着请假条过来说下午要请事假。这时你会？
   - A. 详细询问对方因何要请假，然后再定
   - B. 告诉他今天下午有一个重要的会议，不能请假
   - C. 很生气，但什么都没说就批准了他的请假
   - D. 很生气，不理会他，不给批假

7. 你刚到一单位就任部门领导，上班不久，你了解到单位原本几个同事想就任你

的职位，但领导认为不合适才选择了你。对这几位同事你会？

    A. 主动认识他们，了解他们的长处，争取成为朋友

    B. 不理会这个问题，努力做好自己的工作

    C. 暗中打听他们，了解他们是否具有与你进行竞争的实力

    D. 暗中打听他们，并找机会为难他们

8. 与不同身份的人讲话，你会？

    A. 不管是什么场合，都是一样的态度与之讲话

    B. 在不同的场合，会用不同的态度与之讲话

    C. 对身份高的人，总是有点紧张

    D. 对身份低的人，总是漫不经心地说

9. 你在听别人讲话时，你总是会？

    A. 对别人的讲话表示兴趣，记住所讲的要点

    B. 请对方说出问题的重点

    C. 对方老是讲一些没有必要的话时，你会立即打断他

    D. 对方不知所云时，你就很烦躁，就去想或做其他的事

10. 在与人沟通前，你认为比较重要的是了解对方的：

    A. 价值观念、心理特征

    B. 个人习惯、家庭背景

    C. 个人修养、能力水平

    D. 经济状况、社会地位

得分与解释

选 A 得 4 分，选 B 得 3 分，选 C 得 2 分，选 D 得 1 分。

总分为 16～20 分：你经常不能很好地表达自己的思想和情感。但只要你学会控制好自己的情绪、改掉不良习惯，你随时可能获得别人的理解和支持。

总分为 21～30 分：你懂得一定的社交礼仪，尊重他人，但是你缺乏高超的沟通技巧和积极的主动性，许多事情只要你继续努力一点，就可大功告成。

总分为 31～40 分：你很稳重，是控制自己情绪的高手，有很高的沟通技巧和人际交往能力。

【笔记栏】

第七章

口头表达

外交部原副部长傅莹女士在出席曾在 2016 年的慕尼黑安全会议时用语言表现出铿锵的温柔和若愚的睿智，为中国人赢得了满堂掌声和尊严。

主持人咄咄逼人，把矛头对准了傅莹，一再把话题引向朝核问题，并且质疑中国的立场和作为。他反复地挑衅，一直把傅莹逼到"墙角"，眼睛盯着傅莹，严肃地问："中国是不是已经完全失去了对朝鲜的控制？"傅莹可以感觉到会场上出现的紧张与压迫的气氛，她选择了用笑呵呵的方式回应："对一个国家失去了'控制'？这种说法很西化。"傅莹的话声一落，现场听众就"哄"地笑了。此时此刻，这样的回击才能实现借力打力的效果。因为，回答他的问题，无论说"是"或者"不是"，都会默认提问者设定的一个大前提，即：中国能控制朝鲜，朝鲜发展核武器是中国的责任。傅莹不能陷入"是"与"不是"的辩解，必须釜底抽薪，从根本上质疑提问的合理性。傅莹注意到主持人在讲话中无意间违反了联合国宪章关于国家平等的基本原则，可以成为反驳的切入点。所以，异常紧张的氛围被傅莹巧妙的话语四两拨千斤般轻松攻破。

可见口头表达能力在人际交往中的作用是多么重要，它甚至可以关乎到国家跟国家之间的关系。

7.1　口头表达的特点

口头表达能力是指用口头语言来表达自己的思想、情感，来与人沟通交流的一种能力。叶圣陶先生曾说："所谓语文，语是指口头语言，文是指书面语言。语文是口头表达能力与书面表达能力的综合体现。"

沟通总是在一定的背景下发生的。任何形式的沟通，都要受到各种环境因素的影响，一般认为，对沟通过程发生影响的背景因素包括以下几个方面：

（1）心理背景。心理背景指沟通双方的情绪和态度。它包含两个方面：其一是沟通者的心情、情绪。沟通者是处于兴奋、激动状态还是悲伤、焦虑状态，他们的沟通意愿、沟通行为截然不同；其二是沟通者对对方的态度。如果沟通双方彼此敌视或关系冷漠，沟通过程则常因偏见而出现偏差。

（2）物理背景。物理背景指沟通发生的空间和场所。特定的物理空间会造成特定的沟通气氛和结果。

（3）社会背景。社会背景一方面指沟通双方的社会角色关系。对不同的社会角色关系，有不同的沟通方式。

（4）文化背景。文化背景指沟通者长期的文化积淀，也是沟通者较稳定的价值趋向、思维模式、心理结构的总和。由于它们已经转变为精神的核心部分而自动保持，是思想、行动的内在依据，因此有时候我们觉察不到文化对沟通的影响。而事实上，文化影响着每一个人的沟通过程，甚至每一个环节。

口头表达的特点呈现出以下特点：

（1）同步性。即外部语言表达与内部语言思维是同步进行的，口语只是将思维外化了。

（2）简散性。即常使用的是一些短句、散句，有时可使用体态语表达，它的结构是松散的。

（3）易逝性。讲话是通过声波传播的，而声波转瞬即逝。有心理学家做过一次测试：我们听到的话语信息能够精确留在我们记忆里的时间大概不超过 8～10 秒。既然信息留在脑海中的时间是短暂的，那怎么去评价一个人的口才呢？这要从整体上、从语速上把握。这要求掌握两个要点：一是说话之前要想好了再说；二是说话的语速不可太快。一般的发言 160～180 字/分钟为宜，最快不宜超过 200 字/分钟。每次发言（座谈会、讨论会）最好不超过 2 分 10 秒，否则，由于信息过载，听者很快就会忘掉之前听到的信息。

（4）特定性。

① 说话的场景是特定的，说话的内容必须符合时间和空间并受其制约，比如，教师在课堂上讲课的内容是受制于课程目标和学生接受程度的，所以老师上课并不是在即兴演讲、更不是在讲故事，他说出来的话就要受到时空条件的约束。

② 沟通的对象是特定的，即听众是特定的。

③ 现场的氛围是相对特定的。

由于口头表达的环境是特定的，说出去的话想收回来就不可能了，这就要求想好了再说；同时，说话要受现场氛围的影响，要考虑现场反应，要适时调整语言及语速，这要求提高信息发送者自身的素质。

（5）综合性。

① 系统的综合。说话时，语言、声调、姿势要综合考虑，如果语调没有变化，语言内容是枯燥的，而且没有加一点身体语言，语言效果就不生动。所谓的系统的综合，就是要求人们在说话时要调动人体"各部门"的积极性来完成说话内容，且各部门构成的系统要有整体感、协调感。

② 调动的综合。口语表达有一个过程，就是从生活到思维，再由思维外化成口语。在这个过程中，每个人所说的话，包含了这个人的生活体验、文化素质、道德水准，即：听其言而知其人。有时，同样的发言稿件不同的人说出来的效果不一样，就是因为每个人的生活阅历不同，对生活的理解不同。所以说话不仅要调动知识素养、能力素养，还要调动生活积累。

③ 手段的综合。口语表达是传声的、有感情的，同时手段是多样的。传声包括声音的高、低、快、慢、强、弱、长、短；表情包括面目、眼神、手足等。

7.2 口头表达的应用

口头语言在生活中起着更直接的、更广泛的交际作用，并且随着现代社会的发展，对表达者本身的能力要求也越来越高。

口头表达分为不同的类型，分别是交谈、即兴发言、演讲。

1. 交谈

交谈是指两个或两个以上的人的谈话或对白。交谈运用范围很广泛，有利于互通信息、开阔视野，也有利于增进感情。交谈可分为四种类型：

（1）聊天：随意，自由度较高。

（2）谈心：倾听内心，沟通感情。

（3）问答：提问与回答，针对性强。

（4）洽谈：与别人就彼此相关的事项达成协议的交谈，有目的性。

2. 即兴发言

即兴发言是指在未做充分准备的情况所做的临时性发言，是口语表达的最高形式，在两种情形下发生：一是没有外力邀请或督促的主动发言；二是在外力的邀请或监督下的被动发言。即兴发言可分为六种类型：

（1）传递信息的发言：发言者向听众传达一定的信息。

（2）引荐发言：激发听众去听发言人的讲话，应简练、吸引人。

（3）颁奖词：管理者就受奖者的成就、所获荣誉及颁奖的意义做出评价。

（4）欢迎词：言简意赅、略带幽默、表达出东道主的友善。

（5）致谢词：围绕目的，语言简明、谨慎。

（6）口头报告：有指示性，是信息型、总结型的发言。

3. 演讲

演讲是指演讲者在特定时间环境中，借助口头表达和非语言表达手段，向听众发表意见的一种社会实践活动。根据演讲的目的，可以分为六种类型：① 劝导型；② 告知型；③ 交流型；④ 比较型；⑤ 分析型；⑥ 激励型。

【沟通训练】

请同学们根据给出情景，进行实践演练。

情景 1：请你向大家介绍一下所在班级或个人的基本情况，并归纳一下你向大家传递了多少信息。（时间 2 分钟）

情景 2：你所在的班级在系篮球赛中获得了团体第一名，现在要给篮球队员颁奖，请你致颁奖词。（时间 2 分钟）

情景 3：现在有一个团队要到你所在的班级参观，请你致简短而又诚挚的欢迎词。（时间 2 分钟）

7.3 口头表达的技巧

一个人的口头沟通能力在很大程度上决定了他在工作、社交和个人生活中的品质和效益。要想使口头表达效果达到最佳，就要具有"三力"——说明力、说服力和感染力。

1. 口头表达中的说明力

说明力就是指把内容说清楚的能力，是口头沟通的基本要求。提高说明力的沟通步骤为：

（1）先过滤：把要表达的资料过滤，浓缩成几个要点。主要包括要说什么，说话的意图是什么。

（2）传达要点时要一次一个：一次表达一个想法、讯息，讲完一个才讲第二个。

（3）观念相同：使用双方都能了解的特定字眼、用语。

（4）长话短说：要简明、不多也不少。

（5）要确认：在谈话的最后，要确定对方了解自己真正的意思。

为了提高口头表达的说明力，可以采用金字塔式沟通法，这是一种用总分结构归纳问题的方式（见图7-1）。首先有一个总的观点，这个观点由多个论据支持，而各个论据又可以由几个子论据支持。这样不断向下延伸，形成一个逻辑缜密的金字塔。金字塔原则可以帮助人们达到以下沟通效果：重点突出，思路清晰，主次分明，让受众有兴趣、能理解、能接受、记得住。

搭建金字塔的具体做法：自下而上思考，自上而下表达；表达时使用"总的来说……具体地来说……比如说……"。

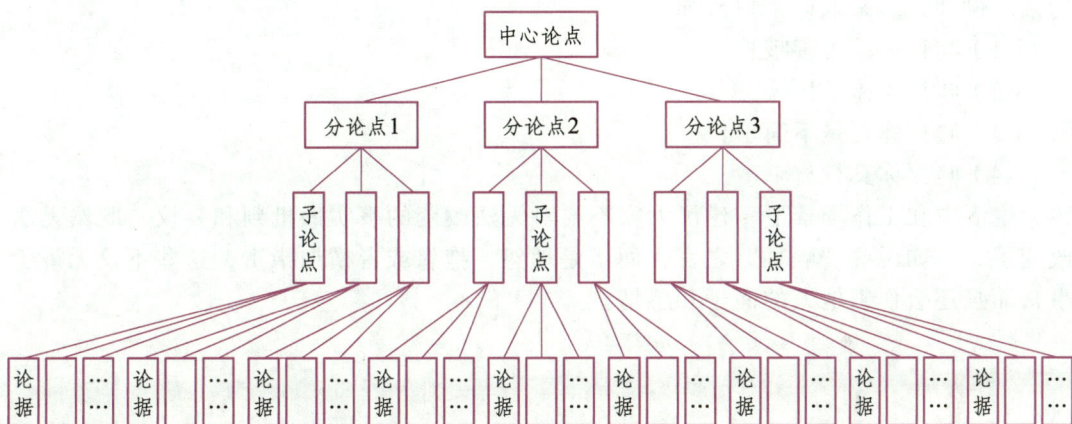

图 7-1　金字塔结构

【沟通训练】

销售中的口头表达是具有高难度和高要求的一种职场能力。销售员在阐述时要清晰分明、分次表达，并且用客户能听得懂的语言来讲解产品或者服务，每个要点表达必须在确认对方和自己达成共识后才能结束，否则必须继续进行。销售员应至少向客户传达以下几条信息：

（1）我是谁；

（2）我的公司是什么；

（3）我们的产品怎么样；

（4）我们的产品跟竞争对手比怎么样；

（5）如果贵司购买了我们的产品，会有什么好处；

（6）如果贵司购买了我们的产品，使用者本人将有什么益处。

请同学们向周围人模拟销售一种产品或服务。

2. 口头表达中的说服力

说服力是指说话能让别人接受的能力。沟通的最终目的是说服他人采取积极正确的行动，为了达到这个目的，可以采取以下步骤：

（1）举出具体的实例：例子越具体、越贴近工作和生活实践越有说服力。

（2）提出证据：有时间线和事件节点的证据更有说服力。

（3）以数字来说明：精确的数字描述更让人信服。

（4）运用专家的证词：专业人士、有权威的人的语言更有力度。

（5）触动对方的视、听、触、嗅、味五种感觉：调动全身心来说话比单纯的语言有说服力。

3. 口头表达中的感染力

感染力是指鼓励激发他人的能力。要想在表达的基础上感染别人，就应该多采取正向的、积极的语言，用激情有温度的话语赞美别人，避免说些负面的、会伤害别人的话。例如，多采取以下口头禅：

（1）哇！你好厉害哦！

（2）哇！太棒了！

（3）哇！你真是不简单！

（4）哇！你真行！

生活中和工作场景下，建议大家不要对无法改变的事实做批判和妄议。既然无法改变了，不如说些"顺耳"之言，而不是埋怨、抱怨或者横加指责，这些不仅无济于事，而且还会伤害他人的面子和感情。

口头表达是沟通三种形式中最便利、最常用也是最容易出错的一种形式。在心理背景、物理背景、社会背景和文化背景的影响下，口头表达不仅有自己独有的特点：同步性、简散性、易逝性、随机性和综合性；也在实际的应用中有广泛的场景和条件限制。在做好口头表达的时候，特别需要在说明力、说服力和感染力上下功夫。口头沟通用的是嘴巴，但传达的是思想；只有做到脑中有思想、思想有体系、体系有逻辑、逻辑有内容、内容有温度，才能做到口头表达的至高境界。

【学习训练营】

刘小青进入一家抽油烟机售卖店，店主笑容满面地迎了上去，热情地招呼道"您好，这么早就来看抽油烟机啊"，一边说着，一边赶紧搬出一个小凳，还随手抽出两张纸巾擦拭凳子的表面，"请坐、请坐，我跟您好好介绍介绍"。听到这句话，急于了解抽油烟机的刘小青一下子来了兴趣，因为"好好介绍"这句话就意味着老板起码很了解抽油烟机。

店家转身打开旁边的柜子，从里面拿出厚厚的一堆材料，"买抽油烟机您可找对地方了，您看看，我们这个牌子口碑非常不错，这是媒体对我们的报道，这是我们的检验证书，这是我们的产品手册……"刘小青接过材料迅速地扫了一眼，手里的报纸看上去很正规，产品的宣传手册也颇为精致。只听老板进一步说："我们这个月抽油烟机的销量很好的，好多顾客都来我们这里买呢！""是吗？都有哪些人买？"老板一听，立马兴奋了起来！"学校来买的人特别多，对面大学一分部、二分部3栋的新楼，老师们都到我们这儿团购呢！"听到这儿，刘小青已经有点心动了："那你给我介绍介绍你们这儿卖得最好的几款。""卖得最好的是这两款，两款性能都差不多，一个是黑金刚的，另一个是酒红的。男老师选黑色这款的多，女老师大都选红色这款。"

听到这里刘小青心里已经有了数，她倾向于选黑色的这款抽油烟机，因为她知道男士在选购产品时，通常都很注重硬件参数，既然有很多男士都选择购买它，说明这款抽油烟机质量应该是过关的，至于颜色，纯黑色这款搭配她家的装修风格也是合适的。

思考

店主在与刘小青交谈时展现了口头表达的哪些技巧？

来源：中华管理案例共享中心

口头表达能力测试

口头表达是将思考所得的成果用语言表现出来的一种行为，是对观察、记忆、思考、创造和阅读的综合运用的能力。请通过下列问题对自己的该项能力进行差距测评。

1. 你如何表达和阐述你的观点？
   A. 分条列项阐述　　　　B. 重点突出，条理清楚　　　　C. 直接陈述

2. 你一般采用怎样的方式表达你的观点？
   A. 语言文字、图像和数据并用
   B. 图形、数据和声音并用
   C. 直接用语言阐述

3. 当你当众表达时，你一般如何把握你的声音？
   A. 重点突出，抑扬顿挫
   B. 注意控制音量
   C. 对麦克风进行挑选和试用

4. 当你当众表达时，你一般如何把握你的语速？
   A. 语速适中　　　　B. 注意表达的节奏　　　　C. 通过停顿调节语速

5. 当你进行表达时，你如何运用你的语言？
   A. 尽量简单精练
   B. 通俗表达
   C. 根据受众对象，使用专业术语

6. 在表达时，你如何运用技巧很好地和听众进行沟通？
   A. 和听众保持眼神交流
   B. 运用手势吸引听众
   C. 通过幽默调节气氛

7. 你认为如何才能让你的表达吸引听众？
   A. 完美的开场白　　B. 充满逻辑性和故事性的论述　　C. 你的权威性

8. 当你向上级汇报工作时，你如何表达？
   A. 结果突出，重点解释
   B. 重点突出，清晰表达
   C. 照本宣科，宣读报告

9. 当你要求同事配合你的工作时，你一般从哪个角度进行表达？
   A. 发出邀请
   B. 陈述同事对工作的重要性
   C. 直接要求同事合作

10. 当你向下属分配任务时，你如何表达？
    A. 明确任务，并限定时间

B. 说清任务，明确利益

C. 传达任务，限期完成

得分与解释

评分标准：A—3 分，B—2 分，C—1 分。

结果评价：24 分以上，说明你的表达能力很强，请继续保持和提升。15～24 分，说明你的表达能力一般，请努力提升。15 分以下，说明你的表达能力很差，急需提升。

【笔记栏】

第八章

书面表达

周一早上八点半，王总经理一上班就给新来的总经理助理小毕布置了一个任务，要求她向各个部门下发岗位职责空白表格，并要求各个部门在当天下午两点之前填好上交总经理办公室。王总经理担心小毕不清楚，还特地重复了一遍，小毕说："完全明白，一定落实到位。"

可是到了规定的时间，技术部没有按时上交。王总问小毕："你向技术部怎么传达的？"小毕说，完全按正确的意思传达的。王总又问"为什么技术部没上交？"小毕说："不知道为什么。"王总把小毕和技术部负责人都召集到总经理办公室会议室，问这个事情。技术部负责人回答说，当时他没有听到助理小毕传达关于上交时间的要求。而小毕说自己确实传达了，为什么公司十二个部门只有技术部没听清楚？技术部负责人说，确实没有听到。

到底是小毕没传达，还是技术部没听到？说不清楚——这就是书面表达的存在的关键。

8.1 书面表达概述

简单来说，书面表达就是写作，即写作主体运用语言符号，表现心中思绪、传达情意、沟通信息等复杂的精神活动。书面表达的形式多种多样，包括信函、文件、报告、新闻通讯等，可以分为两大类，一类是实用文体，一类是文学文体。在管理沟通中，本书重点讲实用文体。

1. 书面表达的特点

书面表达的优点是不受时空限制，可以扩大交往领域和范围，提高传递和接收信息的准确性，而且书面表达相对于口头表达而言，更能够留下证据，正所谓："白纸黑字，言之凿凿。"因为书写前需要深思熟虑，书面表达耗费时间，所以，很多人放弃了原本带着作者"信息和气息"的书面表达。而在现实场景中，我们一定要善用、多用书面的形式去表达思想情感。

【沟通小贴士】

在进行书面沟通时，对受众的特征进行分析很有必要。因为不同的受众具有不同的偏好，对不同偏好的受众采取不同的策略才能使得表达更具有针对性和有效性。迈尔斯-布里格斯性格分类法就将读者及其在书面沟通过程中的偏好分成了四类，具体如表 8-1 所示。

表 8-1　迈尔斯-布里格斯性格分类

内向型	先阅读后表态
外向型	边听汇报边思考
知觉型	关注细节描述
直觉型	先轮廓后细节
理智型	注重逻辑描述
情感型	注重情感内容
谨慎型	注重观点的周密性
果断型	注重主题的明确性

【经典案例】

小曹刚刚就职一家保险公司，一开始她很难找到客户，开不了单，业绩自然就显得很差，为此她很痛苦也很焦虑。有一天她去请教老师，询问如何才能获得客户信任并且做到"零的突破"？老师说，虽然我不能教你怎么开单，但是我们可以来一起说说你接触客户的细节，做到让别人感受到你的真诚和心态，体验你的专业度，再去跟客户去谈你的产品、谈你的服务。

和老师交谈之后，小曹做了一个细节改进。她用手工纸给自己的每一张名片都折了精致的卡套，卡套的背面写着"赠人玫瑰，手有余香——我是您身边最贴心的保险顾问"。小曹在递出名片时会说"这是我自己折的"，客户接到名片的一瞬间就能感受到女孩的用心，看到卡套背后手写的娟秀文字，更加印象深刻。接下来她就说第二句话："如果不需要名片的话，你可以扔掉，但是卡套还可以用的，你可以装卡片，或者装其他东西。"客户一笑之余，也觉得姑娘挺贴心实在。慢慢的，大家觉得小曹处处在细节上做到真心真意为客户着想，既专业又热情，因此拓展了不少客户。

在很多场合下，书面表达总是润物细无声的，如经典案例中送客户卡套的故事，只要坚持下去，不断把书面表达做精做细，并将其传达到客户心里，它的作用远远超出想象。

虽然书面表达能传递很细腻、很深厚的情感，而且对沟通交流发挥了很大的作用，但是书面表达有以下两个缺点：

（1）耗费时间。

研究表明，一般人平常讲话的频率是每分钟 160 字至 180 字左右，演讲一般会比平时讲话要慢一些，大概是每分钟 120 字至 140 字，所以 5~6 分钟的演讲稿大约有 600~700 字，但如果要书写这篇演讲稿，则需要更长的时间。另外对主题的熟悉与否、笔者年龄大小、时间是否紧迫等多种因素也会影响书写的速度。

（2）没有即时的反馈。

再好的文字，它的作者和读者之间永远隔着一张纸或者一张显示屏，很难产生即时的反馈和互动，读者无法完全代入作者书写时的心情，作者更无法想象读者阅读时的想法。

2. 书面沟通的写作过程

写作的逻辑是大脑获取主题后，搜索脑内相关主题的知识，然后将这些知识串联起来，组织语言写出一篇文章。根据玛丽·蒙特的观点，写作过程可以划分为五个阶段，分别是收集材料、组织观点、提炼材料、起草文稿和修改文稿（见图 8-1）。在运用书面表达的情景中，不同的沟通者可能在每个阶段上花费的时间不同，在次序上也可能会不同，但总体过程离不开这五个阶段。

（1）阶段一：收集材料。

在明确好写作主题后，我们可能对这个主题了解甚少，为此需要搜集相关的资料，其中资料来源主要分为两大类：一类是文献资料，另一类是调查材料。

第一类资料需要利用互联网搜集，为此需要提高个人的搜索能力，做到能够在各大网站上搜寻相关资料。常用的搜索网站如表 8-2 所示。

表 8-2　常用搜索网站

数据类型	网站名称	网址
国家宏观数据	国家统计局	http：//www.stats.gov.cn/
	中国政府网	http：//www.gov.cn/shuju/
	中国人民银行金融市场	http：//www.pbc.gov.cn/jinrongshichangsi/
学术研究数据	中国知网	https：//www.cnki.net/
	百度学术	https：//xueshu.baidu.com/
	Web of Science	https：//login.webofknowledge.com/
行业分析数据	艾瑞网	https：//www.iresearch.cn/
	报告查一查	http：//report.seedsufe.com/
	亿邦动力（电商）	https：//www.ebrun.com/
	中国报告网	http：//www.chinabgao.com/
	起点财经公众号	/
企业数据	巨潮资讯（财报）	http：//www.cninfo.com.cn/
	天眼查（公司信息）	https：//www.tianyancha.com/

第二类材料是通过与相关人员面谈、电话访谈、实地调研、问卷调查等方式得到的。搜集这类材料往往知易行难，尤其是对于缺乏经验的学生，可能会面临问卷设计不合理、访谈准备不充分、访谈提问不合理、收集数据量不足、数据处理不当等问题，从而导致采集的数据缺乏准确性。

所以，一般来说，经验丰富的调研人员会先收集第一类资料，对主题有一定的理解之后，再收集第二类材料，这样在收集第二类材料时可以有充分的准备。

（2）阶段二：组织观点。

组织观点是写作过程中最重要的一环，在起草文稿前有一个系统的观点结构，写作效率将会得到大大的提高。组织观点的过程可分为以下四步：

① 观点分组：根据问题的原因、时间、步骤、主要观点和次要观点的划分，将相似的观点和事实进行分组。

② 选择观点和素材：根据分组的结果，提出初步的结论和建议。

③ 归纳标题：为各分组归纳出一个更具概括性的标题。

④ 结论和论据编排：不同的沟通对象关注的重点是不一样的，要根据报告对象的关注点，合理安排论据和结论的顺序。

（3）阶段三：提炼材料。

首先要概括文稿的主要观点，要善于用精练的语言概括整篇文稿的主要观点，同时分清主要和次要观点；其次根据不同的对象选择论证材料；再次要以尽可能快的速度来表达观点说服对方；最后用最精练的词句说明观点。

（4）阶段四：起草文稿。

在起草文稿的过程中，不要断断续续进行，尽量一气呵成，不要一边写一边改，避免"打补丁式"写作；也不要纠结写作顺序，从最有把握的地方开始写；同时训练电脑写作能力，从而方便修改，提高效率。

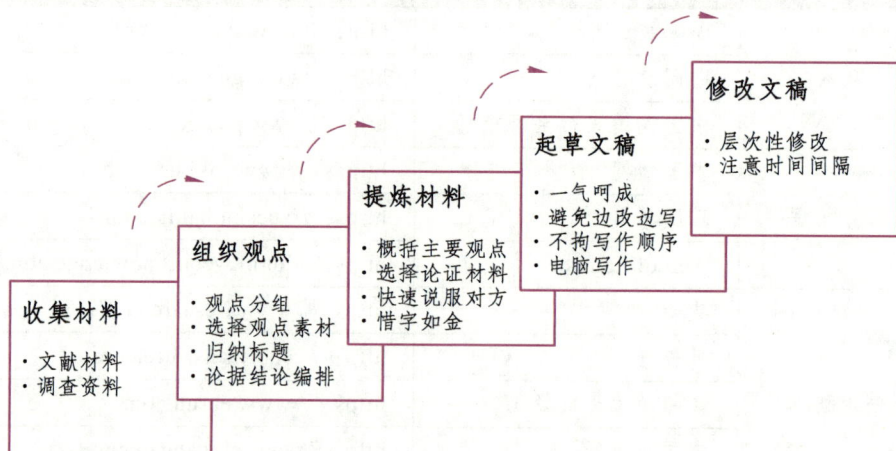

收集材料
·文献材料
·调查资料

组织观点
·观点分组
·选择观点素材
·归纳标题
·论据结论编排

提炼材料
·概括主要观点
·选择论证材料
·快速说服对方
·惜字如金

起草文稿
·一气呵成
·避免边改边写
·不拘写作顺序
·电脑写作

修改文稿
·层次性修改
·注意时间间隔

图 8-1　写作过程

（5）阶段五：修改文稿。

文稿的修改要有层次性，先修改文稿的整体逻辑和观点，再修改文稿中的段落词句，最后修改具体措辞、语法和标点符号等细节问题。另外要注意修改的时间间隔，当文稿写完后，最好放一两天，使得自己有时间思考新的观点，或更好地厘清原有观点。

8.2 书面表达的原则

1. 受众导向的信息组织原则

除了私人笔记以外，大多写作的目的都是写文章给读者阅读，只有读者能够读懂文章，获取到作者想要表达的内容和观点，读者才能与作者进行思想上的关联，才算是实现真正意义上的沟通。当然，这里先不论沟通的内容正确与否，从这一点上来说，写作目的必须紧紧围绕着读者。

2. 文章要素的写作原则

首先是做到内容言简意赅。在职场，人们每天都要处理许多的公文材料，没有人愿意看冗长枯燥的长篇大论，领导们也不会重视和支持空洞无物的建议和报告。做到简明扼要，是书面表达的关键。

其次书面表达标题要清晰醒目。不妨试试有机地组织观点、复杂的问题简单化、重点说明主要问题、该分页就分页、在最后做综述和总结等方法。

最后尽量预设书面沟通的时间。现在很多网上文章都会专门标注：本文多少字，阅读时间约为多少分钟，这种做法值得学习借鉴。

文章写作原则可以总结如下：

（1）标题要有吸引力。

（2）开头要明确主题。

（3）内容要足够充实。

（4）结尾要立意深远。

8.3 书面表达的技巧

（1）整合相似事物。如果把一篇文章比作是一个动物园，各种不同的动物（观点）全在一个大笼子里，就会显得混乱不堪。写作时，描述的各个观点应该组合起来，最好是先完成一个主题的讨论，再接着讨论其他主题。

（2）论点支撑选择准确。当人们读完一篇文章后，能长时间记住的往往是其中的事例和细节。简洁和细节之间要注意权衡。简洁要求句子词语数量尽可能少，而充分的论证则可能需要更多句子。

（3）拆分长句，使文章更清晰。短句蕴藏着强大的力量，千万别低估它的作用。好的短句能迅速抓住读者的眼球，偶尔使用短句还能给文章增添一份灵动。

（4）删除冗余语句、过多的限定和不必要的自指。偶尔使用限定词会使读者觉得作者理性，但过于频繁地使用限定词会弱化文章含义，显得作者在写作时很犹豫，徒增文章篇幅却没有增加内容。

（5）用标题、提要拆分或归纳文章。标题和提要都有助于高效地传递这些信息。标题的作用是区分章节内容，提要的主要作用则是概述或转述下文。

（6）利用排版和设计在文字周围增加更多空间，以增强可读性。提高文章可读性的最简单方法，就是增加文档的页边空白。同样，用空白行把段落隔开，避免一大块文字紧贴页面边缘可以使文章读起来更轻松。

（7）运用可读性工具突出关键词和短语。粗体（加黑字体）可用于强调关键词，从而使关键点在读者面前跳出来，斜体与粗体作用相似，偶尔使用斜体会使文章具有艺术效果。

8.4　书面表达应用

1. 商业计划书

商业计划书，是公司、企业或项目单位为了达到招商、融资或其他发展目标，在前期科学地调研、分析、搜集整理有关资料的基础上，根据一定的格式和具体要求而编辑整理的书面材料，目的是向投资者全面展示项目状况、竞争环境、优劣势分析以及未来发展潜力的书面材料。

商业计划书以书面的形式全面描述企业所从事的业务。它详尽地介绍了一个公司的产品服务、生产工艺、市场和客户、营销策略、人力资源、组织架构、对基础设施和供给的需求、融资需求，以及资源和资金的利用。编写商业计划书的直接目的是寻找战略合作伙伴或者风险投资资金，其内容应真实、科学地反应项目的投资价值。在申请融资时，商业计划书是至关重要的一环，因此，商业计划书应该做到内容完整、意愿真诚、基于事实、结构清晰、通俗易懂。

一般而言，项目规模越庞大，商业计划书的篇幅也就越长；如果企业的业务单一，则可简洁一些。一份好的商业计划书的特点是：关注产品、敢于竞争，有充分的市场调研，具备有力资料说明，表明行动的方针，展示优秀团队、良好的财务预算、出色的计划概要等。

编写商业计划书的基本思路如下：

（1）痛点是什么？首先，要介绍当前的行业背景，并突出说明当前行业中存在的尚未解决的问题，即"痛点"，为读者理解后面的内容奠定基础。

（2）竞争对手是怎么做的？下一步将分析同行业竞争对手的做法，通过分析竞争对手的做法，可以对行业及市场需求有更深的理解，取长补短，借鉴这些做法的优点，并注意其中的不足之处，从而进行创新，做出更好的计划。

（3）我将做什么？分析了竞争对手在做什么事情之后，此时需要提出不同的解决方案。外部市场需求是在不断变化的，而科技的进步也是日新月异，可以从技术创新、产品创新、潜在消费者挖掘等角度探索出有创新性的方案。

（4）我能做到的优势和条件是什么？最后一步要从团队的内部入手，分析团队内部有哪些优势，并且将整体的计划拆分成各个小计划，结合计划的截止时间得出一个详细的日程表。另外，还需从资金、政策、法律等方面证明计划的可行性，并预测各种可能会出现的风险，给出相应的应对措施。

2. 会议记录

　　会议记录是指在会议过程中，由记录人员把会议的组织情况和具体内容记录下来。无论会议的形式如何，会议记录都是至关重要的。

　　在做会议记录之前，应明确这篇会议记录能够发挥的作用，以及带来的价值，会议记录真实地反映了会议的本来面貌，记录了会议传达的精神、会议的决定和会议对重大事项做出的安排，会议后期形成文件要以会议记录为依据，与会者在会后执行会议安排时也要参考会议记录。一段时间后，人们凭借记忆可能很难回想起会议的内容，但是只要有会议记录存在，人们仍然可以通过会议记录了解会议的情况，见表8-3。

表8-3　会议记录示例模板

与会人员		缺席人员	
会议主持人		会议时间	
会议主题			
主要内容：（分点概括，力求简练，写清楚下一步的行动及负责人） 1. 2. 3. 4. 记录人： 日期：			

会议记录的内容主要包括以下几项：

（1）时间：包括日期及具体时刻。

（2）地点：哪个办公楼的哪个会议室。

（3）会议主题：尽量详细，如有多个主题，应全部写上。

（4）主持人：一般都是上级。

（5）参与人：将所有与会者写上。

（6）缺席人：要写明缺席原因。

（7）记录人：一般就是本人。

写会议记录应做如下准备：

（1）如果已提前下发会议议程的，了解会议议程就可以做到对整个会议的大体框架有整体概念，写会议记录时按照大体框架写就容易得多。

（2）准备好做记录的工具，比如录音笔、手机等，会后通过这些工具可以再现会议过程，如有不明确的地方，可以再听一下录音文件，以保证会议记录的准确性。

（3）会议中，有不明确的地方一定要现场问清楚，这一做法对记录人员来说可以保持自己对会议的积极性，而不是简单机械的记录，也能保证会议记录的准确性。

【沟通小贴士】

写会议记录的技巧

（1）快，即书写运笔要快，记得快。

（2）要，即择要而记。就记录一次会议来说，要围绕会议议题、会议主持人和主要领导同志发言的中心思想，与会者的不同意见或有争议的问题、结论性意见、决定或决议等做记录。

（3）省，即在记录中正确使用省略法。如使用简称、简化词语和统称。

（4）代，即用较为简便的写法代替复杂的写法。

3．通知的撰写

通知，是运用广泛的知照性公文，一般由标题、主送单位（受文对象）、正文、落款四部分组成。

通知适用于批转下级机关的公文；转发上级机关和不相隶属机关的公文；发布规章；传达要求下级机关办理和有关单位需要周知或共同执行的事项；任免和聘用干部。

根据适用范围的不同，通知可以分为六大类：

（1）发布性通知：用于发布行政规章制度及党内规章制度。

（2）批转性通知：用于上级机关批转下级机关的公文，给所属人员，让他们周知或执行。

（3）转发性通知：用于转发上级机关和不相隶属的机关的公文给所属人员，让相关人员周知或执行。

（4）指示性通知：用于上级机关指示下级机关如何开展工作。

（5）任免性通知：用于任免和聘用干部。

（6）事务性通知：用于处理日常工作中带事务性的事情，常把有关信息或要求用通知的形式传达给有关机构或群众。

在工作和学习中，事务性通知占大多数，以下为一则事务性通知的模板。

通　知

为了加强工商专业师生之间的交流，做好工商管理专业建设，定于×月×日（本周×）15：30 在××教室举行工商管理专业师生交流会。届时，工商专业的负责人及部分任课老师将会就专业分流的工作做详细的解读。请相关同学相互转告，准时参加。

特此通知。

工商管理专业学科组

××××年××月××日

指示性通知正文的写作框架如下：

（1）通知缘由

发布指示、安排工作的通知，这部分的写法跟决定、指示很接近，主要用来表述有关背景、根据、目的、意义等。

（2）通知事项

这是通知的主体部分，所发布的指示、安排的工作、提出的方法、措施和步骤等，都在这一部分中有条理地组织表达。内容复杂的需要分条列款。

（3）执行要求

发布指示、安排工作的通知，可以在结尾处提出贯彻执行的有关要求。如无必要，可以没有这一部分。

4. 报告的书写

报告是一种搜集研究事实的人与有一定目的性来阅读报告的人之间的信息交流形式。报告的最终作用通常是决策和行动的基础。

不管读者是否知道有关技术细节，报告对所有可能的读者都应是易于理解的。报告的内容表述方式应清晰、简洁、逻辑严密；数据详实可信。

表8-4展示了报告的基本结构及要素。

（1）内容简介。

报告的简介应该做到：越简单越好，但要清楚说明真正的主题，指出报告的目的，把读者的注意力吸引到真正的主题和目的上，并据此说明正文的安排计划，与后面的内容相协调。

表 8-4　报告的基本结构及其要素

部分	要素
内容简介	授权调查范围或目的
	程序或方法
正文部分	主要的事实
结论部分	结论
	建议
	附录

（2）正文部分。

报告的正文部分需列出所有的论据，并采用相关方法论证观点，并分析这些材料，引导读者合乎逻辑地得出最后部分结论和建议。

（3）结论部分。

结论部分的作用在于简要、清楚、总结性地提出结论和建议。一个成功的结论部分特征是：不要再引入新的观点，给读者有实用性的建议。

　　书面表达是沟通三种形式中最正式、最耗费时间但是最有影响力的一种表达形式。书面表达因其上述特点而具备一些原则：受众导向的信息组织原则和文章要素的写作原则都是保障书面沟通效果的关键。在本章中，列出了书面沟通的几种常见的形式，如商业计划书、会议记录、通知和报告，都需要大家反复练习才能取得较好的学习效果。

【学习训练营】

亲爱的先生/女士：

　　我已获悉您在寻找一家公司为贵公司所有部门安装新电脑。我确信作为一个完全令人放心的公司，我公司定能被指派。不管我们在贵公司业务方面经验有限，曾经为您服务过的人说我们能胜任此项工作。我是个非常热情的人，对于与你相会的可能性，除非另通知，我在周一、周二和周五不能拜访你处，这是因为……

思考

请指出这份商务信函的失误之处。

书面表达能力测试

你是否善于运用书面形式表达自己的观点？请根据自己实际情形如实回答以下问题。

1. 在与他人沟通时，你经常采用书面表达方式吗？
   A. 从来没有　　B. 很少　　　C. 有时　　　D. 大多是　　E. 经常是
2. 你是否认为书面表达比其他方式要更容易？
   A. 从来没有　　B. 很少　　　C. 有时　　　D. 大多是　　E. 经常是
3. 当你与你的高中同学联系时，经常采用书面表达方式吗？
   A. 从来没有　　B. 很少　　　C. 有时　　　D. 大多是　　E. 经常是
4. 你是否因为麻烦，拒绝使用书面表达形式与人沟通？
   A. 从来没有　　B. 很少　　　C. 有时　　　D. 大多是　　E. 经常是
5. 在书面表达你的观点时你是否非常注意措辞？
   A. 从来没有　　B. 很少　　　C. 有时　　　D. 大多是　　E. 经常是
6. 你在使用书面表达时，是否注意表达的格式与规范吗？
   A. 从来没有　　B. 很少　　　C. 有时　　　D. 大多是　　E. 经常是
7. 你是否能够熟练地运用各种书面表达方式进行沟通？
   A. 从来没有　　B. 很少　　　C. 有时　　　D. 大多是　　E. 经常是
8. 你是否认为你能够准确地使用书面表达方式达到沟通的目的？
   A. 从来没有　　B. 很少　　　C. 有时　　　D. 大多是　　E. 经常是

得分与解释

评分标准：A—1分，B—2分，C—3分，D—4分，E—5分。

结果评价：8~16分：你的自我表达欲望和能力都还很不够，需要大力加强。

17~32分：你具有一定的自我表达欲望和表达能力，同时又能自我控制。

33~40分：你的自我表达欲望和能力都很强，甚至有时过于表现自己，这既是你的优点，又可能成为你不受别人欢迎的原因。

【笔记栏】

第九章

非语言表达

闻名世界的汽车销售员乔·吉拉德，以 15 年共推销 13 001 辆小汽车（日均近 6 辆）的惊人业绩，被《吉尼斯世界纪录大全》收录，并荣获"世界最伟大的推销员"的称号，那么，他每次与顾客谈判成功的秘诀何在？乔·吉拉德进行自我介绍时最重要的一点就是树立可靠的形象。乔·吉拉德努力改变推销员在公众心目中的精神形象，不但有儒雅得体的言谈举止，而且有对顾客发自内心的真诚和爱心。他总是衣着整洁，朴实谦和，脸上挂着迷人的微笑，出现在顾客的面前。

9.1 非语言表达的基本概念

非语言沟通（non-verbal communication）指的是使用除语言符号以外的各种符号系统，包括肢体语言、副语言、空间利用以及沟通环境等进行沟通。在沟通中，信息的内容部分往往通过语言来表达，而非语言则作为提供解释内容的框架，来表达信息的相关部分。

非语言表达可以分为副语言和肢体语言。

1. 副语言

副语言是指说话的方式，包括说话的频率、音调、音量等。

（1）频率，根据相关研究，人们的说话速率在每分钟 120 ~ 261 个字（讲中文时略少，讲英文时略多）。

（2）音调，音调指声音的高低。音调可以决定一种声音听起来是否悦耳。

（3）音量，信息的含义可以受到音量的影响。

（4）语气词，指语言学中毫无意义，但是却颇具意味的词，如嗯、啊、呦、哎呀等。

（5）声音的总体质量，声音的总体质量是由所有其他声音特点构成的，如速度、回音、节奏和发音等。

2. 肢体语言

肢体语言，指非词语性的身体符号，包括目光与面部表情，身体运动与触摸，姿势与外貌，身体间的空间距离等。我们在与人交流沟通时，即使不说话，也可以凭借对方的身体语言来探索他内心的秘密，对方同样也可以通过身体语言了解我们的真实想法。人们可以在语言上伪装自己，但身体语言却经常会"出卖"他们，因为，身体语言有私密特征，每个人都有一个体语密码，通过解译人们的体语密码，可以更准确地认识自己和他人，比如人在下意识、无意识中流露出来的一些东西。

肢体语言包括两种，一是静态的肢体语言，二是动态的肢体语言。

静态的肢体语言是指，任何一个人，他/她的穿着、服饰、配饰虽然没有发声，但是却散发着丰富的信息，告诉大家他/她的职业、身份、收入、阶层、审美等。因此，我们要善于管理自己的静态肢体语言。

动态的肢体语言是指，沟通者要善于通过变换位移，拉近或放远沟通距离，来达到强调沟通效果、扩展沟通场景的目的。诸如鼓掌表示兴奋，顿足表示生气，搓手表示焦虑，捶胸代表痛苦等。当事人以这种肢体活动表达情绪，其他人可由之辨识出当事人想表达的心境。

表 9-1 列出了常见的肢体语言及含义。

表 9-1　肢体语言及含义

肢体语言表述	行为含义
手势	柔和的手势表示友好、商量，强硬的手势则意味着："我是对的，你必须听我的。"
表情	微笑表示友善礼貌，皱眉则表示怀疑和不满意
眼神	盯着看意味着不礼貌，但也可能表示兴趣，寻求支持
姿态	双臂环抱意味着防御，开会时独坐一隅意味着傲慢或者不感兴趣
声音	演说时抑扬顿挫表明热情，突然停顿是为了造成悬念，吸引注意力

9.2　非语言表达的重要性

加州大学心理学教授艾伯特·梅拉比安提出的梅拉比安模型告诉我们，在人们进行语言交流的时候：55%的信息是通过视觉传达的，如手势、表情、外表、装扮、肢体语言、仪态等；38%的信息是通过听觉传达，如说话的语调、声音的抑扬顿挫等；剩下只有 7%来自纯粹的语言表达。

由此可以知道，非语言表达在沟通过程中占据很大一部分比例，能够善用非语言表达可以帮助我们建立良好的第一印象。

需要说明的是：尽管百分之七的纯语言表达看似比重不大，但其实在一个完整的沟通中有着不可替代的作用，正是这完整、专业、精确打造的百分之七才传递出了这个人背后语言的功力和职业化的水平。这要求信息的传递方在加强非语言表达的修饰和渲染外，仍然不能忘了语言本身的精准和提炼。生活中有一种现象，是我们看一个人，尤其是个演员，他们给大家留下深刻印象的往往不是他说了什么，而是他怎么说。因此，要善于利用自己的非语言表达，它无关多少，重在恰当。如果在有效的语言之上，配合适当得体的非语言表达，将会使沟通更加自如、有感染力。但也只有在两者呈现出一致的讯息时才有加成的优势，否则会视为虚伪做作，反而弄巧成拙。

9.3 非语言表达和语言表达的关系

人际互动时，从解读身体语言得来的讯息，往往比口语还多。这些无声的线索包括表情、眼神、姿态、手势、声音、触摸，甚至衣着、距离等。心理学家认为，这些身体讯息和语言表达间关系见表 9-2。

表 9-2　身体讯息和语言表达关系

重复 （Repeating）	重复口语内容。例如看病时，同时用口语和手势指出不舒服的部位
矛盾 （Contradicting）	非语言与语言讯号不一致。例如交叉双臂、看着地上，木着脸说："我赞成你的看法"
代入 （Substituting）	看到有人眼眶泛红，泪光莹莹，不用解释也知道他正伤心难过
强调 （Accenting）	以行动加强语意。例如皱眉、掩鼻说："他的位子真是脏死了"
调节 （Regulating）	例如用眼神暗示下一位可以准备发言；说话速度放慢表示快结束了等

身体就像一个无法关闭的传送器，无时无刻不传达着人们的心情和状态。语言通常表达思考中的想法或概念，而非语言讯息则较能传递情绪和感受，因此在解读时，必须考虑当下情境、关系深浅、文化背景等影响。例如西方社会里，拥抱、亲吻是普遍的社交礼仪，但在其他文化中，可能就会被误解成轻佻无礼。 虽然身体语言是追踪心理状态的利器，但也会遇到模棱两可的情况，因此要多方观察，才不会以偏概全。

姿势、表情和动作，可以透露真实的个性与想法，如：

（1）开放与接纳：咧嘴而笑；掌心打开；双眼平视。

（2）配合：谈话时，身体前倾，坐在椅子边缘；全身放松、双手打开；解开外套纽扣；手托着脸。

（3）防卫：双臂交叉于胸前；偷瞄、侧视；摸鼻子；揉眼睛；笑时紧闭双唇。

人不但在说话的时候用手的动作来加强语气、辅助表达，而且在危急或特定之时也会用手势代替说话。手势也是国际性的语言，许多原始部落之间，大都利用复杂的手势进行交涉，以此来克服语言不通的障碍。游客到了国外，如语言不通也大都用手势提问或致意。身体的姿态和动作所表达的意思是多种多样，丰富而又复杂的，如"双臂交叉抱在胸前"这个姿态。一般来说，这种姿态是企图防御对方精神上的威胁而下意识形成的防范动作。如果双臂紧紧交叉，双手紧握，这就暗示出更强烈的防御信息和敌对态度，并会伴随着咬紧牙关、涨红脖子的面部表情。

言辞固然能表达一个人的态度，但肢体语言却能加深对对方的感染。懂得了这一点，我们在讲话时，眼神、表情、动作和气质与述说的内容就应做到同步化，使自身的形象更完美，使自己的话更容易被他人所接受。

9.4 外界对非语言表达的感知

很多著名人士都对于肢体语言提出了自己的观点。

查尔斯·达尔文说："读懂肢体语言，无论对学习和工作都很有用。"朱利乌斯·法斯特说："很多动作都是事先经过深思熟虑，有所用意的。不过也有一些纯属于下意识。比如说一个人用手指蹭蹭鼻子下方，则说明他有些局促不安，如果抱住胳膊，则说明他需要保护。但也包括一种个人的个性化，所以这些举动也不是绝对的表示这样的意思。"弗洛伊德·西格蒙德说："人类不自觉的心理状态，能在自身不留意之间，在行动上毫无保留地暴露出来，因为内心的精神状态，无论如何刻意的隐藏，一定会在外表的行动上露出破绽。"

除了肢体语言的重要性，还需要习得如何合理运用身体语言，即身体语言使用过程中的六大技巧。

9.5 非语言表达的技巧

1. 眼神沟通

眼睛是心灵之窗。人的情绪、态度和感情的变化，都可以从眼睛里显示出来。在非语言沟通中，眼神居首位，其次才是微笑和点头。一个人要注重对自己眼神的训练和利用。眼神可以显示正在倾听对方的说话；可以实现各种情感的交流；可以调整和控制沟通的互动程度；可以传送肯定、否定、提醒、监督等讯息；可以传达出对事情的信心度；演讲时，眼神要流动，即眼波流转，眼神接触能使人更加亲密，能使对方更加信任你，表达出喜欢和对方交流。在交流和介绍自己的过程中，要尽量看着对方的眼睛，这一点很重要，也要保持一段合适的时间，眼神接触间隔两到四秒钟最好。

在人际交往过程中，学会观察对方的眼神以便不断调整自己的交往方式是应当学习培养的技巧。

2. 姿势沟通

成功的姿势沟通包括：

（1）上台讲话时，体重平衡落在脚趾之间；留心下半身的姿势，注意双腿不要抖动，舒适并且雅观，收小腹。

（2）宣布重要事项时，站起来以示尊重。

（3）如果对别人的演讲很感兴趣，上身可以轻轻前倾表示自己的兴趣。

（4）与人对话时保持目光平视，不要把目光集中在地上，给别人一种不信任的感觉。

（5）在与人交流谈判的过程中，我们的身体姿势、身体语言、身体动作甚至是身份都需要调整和改变。例如，在谈判中过早暴露自己的身份可能将自己置于进退两难的境地。而往往隐藏自己的身份，才能更加客观有效地交流谈判，随机应变制定有效的方法与措施。

3. 表情沟通

表情最短可持续 1/25 秒，虽然一个下意识的表情可能只持续一瞬间，但很容易暴露人的情绪。面部的变化（如笑、皱眉、发怒）能迅速提供更多信息，明显地反映人的心情、意图。人类面部表情学家艾克曼曾走访世界各地，研究各种文化背景下的人，发现人类主要拥有七种表情：

高兴：嘴角翘起，面颊上抬起皱，眼睑收缩，眼睛尾部会形成"鱼尾纹"；

伤心：眯眼，眉毛收紧，嘴角下拉，下巴抬起或收紧；

害怕：嘴巴和眼睛张开，眉毛上扬，鼻孔张大；

愤怒：眉毛下垂，前额紧皱，眼睑和嘴唇紧张；

厌恶：噘鼻，上嘴唇上抬，眉毛下垂，眯眼；

惊讶：下颚下垂，嘴唇和嘴巴放松，眼睛张大，眼睑和眉毛微抬；

轻蔑：嘴角一侧抬起，做讥笑或得意笑状。

在社交过程，善用微笑可以缩短距离。微笑是最易得的通行证，微笑是最有效的敲门砖。善于微笑，给别人报以微笑是快速解决问题的一个途径。

4. 空间距离沟通

空间距离是指个体之间在进行交往时通常保持的距离。

亲密距离 ——0.46 米以内，这是私密的人才能进入的空间，否则对方会感到不适。

个人距离 ——0.46 ~ 1.2 米，端茶，交谈等个人社交。

社会距离 ——1.2 米至 3.6 米，可以打招呼，可以说话，做手势。

公众距离 ——大于 3.6 米，不能进行社交的距离。

5. 手势沟通

除了手势要大方、丰富，以及富有美感，同时不要让身上带有不加管理、毫无约束，甚至下流不雅的手势。

示例：当给他人指示方向的时候，说"您请这边走"并两眼朝向指示方向，面露自然微笑。五指并拢，指示不要用单一手指。握手是社交场合以及身体语言里特别重要的一个行为。令人愉快的握手 ——坚定有力，热情大方，目光接触，面露微笑。令人反感的握手 ——软弱无力或过分用力，目光斜视对方。需要注意的是，虎口对虎口，表示对对方的一种完全信任，同时要注意握手的力度。

6. 穿着装饰沟通

衣品不代表人品，却代表个人发出的信息。服饰包括服装、化妆、发型和配饰。穿着需要符合时间、地点以及场合的要求。

肢体语言需要注意的是要表现出自信、自重但不傲慢。所谓沟通之道，也是这样。给别人足够的空间，同时自己规范好自己的举止、设计相应的服饰搭配、利用周边的环境和物件以及长期自觉的训练才能更好地处理在沟通过程中所遇到的问题。

我们可以通过肢体语言了解别人内心的想法。与此同时，肢体语言除了影响别人，更影响我们自己。权利和支配的非语言表达是一种舒张，无助和无力的非语言表达是一种蜷缩，我们的想法可以改变我们的肢体语言。

9.6 非语言表达的注意点

1. 理解自己的肢体语言

（1）要自然。

就算能按照惯例、规规矩矩地将自己的身体动作控制得很好，仍然有可能看起来很虚假、僵硬。我们永远能找出一些可以改进的地方，从而让自己的意图表达得更有效。同时还需要很自然地做出这些动作，不能像机器人似的。

（2）识别肢体语言模式。

要有意识地注意到自己在和不同的人交往时，会使用什么不同的动作。可以用镜子观察自己的面部表情和动作，但要注意自己在生气、紧张和高兴的时候身体有什么动作。

恰当地使用自己的身体语言，应做到以下几点：

① 经常自省自己的身体语言；

② 有意识地运用身体语言；

③ 注意身体语言的使用情境；

④ 注意自己的角色与身体语言相称；

⑤ 注意言行一致；

⑥ 改掉不良的身体语言习惯。

自省的目的是检验自己以往使用身体语言是否有效，是否自然，是否使人产生过误解。

（3）确定肢体语言确实传达出了想要表达的内容。

如果传达出的意思确实是自己想要表达的，那就很好。如果你的非语言表达和说的话一致，就不仅能表达地清楚明白，也会给人一种很有魅力的感觉。

（4）关注整体。

不用追求每个细节都到位，只要整体效果能表达出了自己的意思就行。

2. 适当正确地使用手势

（1）强调一个点，多用几次手势，这样有助于更好地表达。

如果想让对方知道自己没误解他的意思，可以一边大声说话，一边做手势重复两遍。若是听的人没明白你第一次的手势，也能通过第二遍的手势明白是什么意思。不必说每句话都使用一次（或两次）手势，准备一些不同的手势来强调一些重要又容易被误解的概念是个很不错的办法。

（2）有积极含义的动作要朝着听众做。

这样能让说话者更清楚地表达出在给听众以肯定的答案。有否定含义的动作要远离听众做。这样说话者的意图就能清楚地表达出来，对方不易误解。

（3）小心使用手势。

留意自己边说边做出的手势。有些手势能有效地强调论点，但有些会起到反作用，甚至会冒犯对方，让对话进行不下去，让对方不想继续聊。观察对方的手势传达的意图也很重要。

（4）要始终注意其他的肢体信号。

比如，游离的眼神、摘衣服上的毛、不住地吸鼻子等。这些小动作多了，就会削弱表达的信息的有效性。不过，如果偶尔有这些动作，也不用担心，关键是要确保自己的肢体语言不会让双方分心。

3. 关注听众

要站在别人的角度来考虑。要培养自己的观察能力，不要简单地下结论，同样的身体语言在不同性格的人身上意义可能不同。一个活泼、开朗、乐于与人交往的人，在与自己交往时会运用很丰富的身体语言，不大在乎与你保持较近的距离，也时常带着甜蜜的表情与自己谈话。但是，这可能并没有任何特殊的意义，因为他与其他人的交往也是这个样子。

然而换成一个文静、内向的人，上述的信息可能就意味着他对自己有一些好感。相类似的，解释别人的身体语言还要考虑情境因素。同样是笑，有时候是表示好感，有时候是表示尴尬，而有的时候又表示嘲讽，这都需要加以区别。理解别人的身体语言，最重要的是要从别人的角度来考虑问题。要用心去体验别人的情感状态，当别人对你表情淡漠，也很可能是由于对方遇到了不顺心的事，因此不要看到别人淡漠就觉得对方不重视。

当然，不必认识听我们说话的所有人，但要是有人随着我们说话而点头，并且一直认真看着我们的时候，就说明他在认真倾听，我们也要因此而更加关注对方。

（1）有意识地使用面部表情。

为了表达热情和共鸣，可以用温和的表情关注对方。要注意避免做出一些消极的表情，比如皱眉头、竖眉毛。具体表情的含义也要看具体环境，包括文化环境，所以要根据具体情况具体分析。

注意那些意想不到的动作可能产生的跨文化冲突。如果你不知道一些动作有什么文化含义，那么在开始和不同文化的人交流之前，就得先询问对方是否有什么文化上的禁忌。

（2）关注到所有听众。

如果在一间会议室里讲话，就要注视在场每个人的眼睛，忽略任何一个人都很容易被当作冒犯，还可能让我们丢掉生意、无法被录取、失败，或是无法实现正在努力追求的事。如果是对一位听众说话，就要适当停下来，眼神与对方接触两秒钟以上，随后再重新开始讲话。这能让听众觉得受到了重视。

（3）要注意眼神接触所具有的文化意义。

有些文化里，眼神接触会让人感到不自在，需要在沟通中提前搞清楚。

非语言表达是在面对面沟通时附带的一种沟通补充。来自语言文字的信息，其社交意义远远不如非语言的信息。非语言表达的方式诸如面部表情和语音语调，可以强化语言沟通的效果，也会起相反的作用。因此正确了解自己和对方的非语言信息和表达是一种能力。非语言沟通的内涵丰富，广为人知的有副语言、身体语言和对物体的操控。有意识的非语言沟通的尝试、训练和自我检测是提高其效果的有效途径之一。

鼻子"泄露"的信息

乔·纳瓦罗是一位拥有 30 年资历并长期担任情报小组的专家，他多次通过身体语言侦破大案要案，是名副其实的侦探大师。他一生都致力于身体语言的破解工作，其成果已得到世界范围内的认可，其本人也多次受到 NBC、CNN、ABC 的采访，并受邀到世界各地的大学讲学。在他的著作《FBI 教你读心术》中，他讲了一个故事：我以前工作的商店里发生过一宗未遂的抢劫案。当时，我注意到了站在柜台收银机旁边的那个男人，他的一个动作引起了我的注意，因为他似乎不必站在那个位置上。他并没有排队，也没有买任何商品，而是一直站在那里，两眼盯着收银机。如果只是待在原地并保持沉默，我可能就不会那么关注他了。

但是，正当我观察他时，他的行为发生了变化 —— 他的鼻孔扩大了（鼻翼膨胀），这表明他在深吸氧气并准备好要采取行动了。我几乎是在他行动的前一秒猜出了他的意图。就在这一秒，我大声向收银员发出警告："小心！"那一刻发生了 3 件事：

（1）这名收银员刚好完成一次结账，收银机的抽屉刚好打开。

（2）站在收银机旁的这个人迅速向前一步并将手伸进抽屉里去抢钱。

（3）收到警告的收银员及时地抓住了抢劫者的胳膊并将其反拧过来。

结果，钱从这位企图抢劫的人手中掉了出来，然后他跑出了商店。如果不是我事先察觉到了异常，他或许已经得手了。

思考

身体语言真的可以泄露信息吗？如何解读呢？

【自我技能测试】

1. 一些城府深的人是否会故意流露出一些行为特征来误导我们的判断？如果有，那我们又该怎么办呢？

2. 自己和对方讲话时，长期看对方面部某一位置的话，可能会让眼睛变得呆滞，也会让自己觉得不自然，这时是否需要转移一下目光？转移目光的时机又该怎样拿捏？

3. 和对方交流时，对方表现出不耐烦，这时肢体语言怎样才能帮上忙呢？

4. 测试量表。

（1）你是否在行走、站立或就座时保持笔直的姿势？

（2）你是否在面对别人时保持直立？

（4）你是否站立的时候脚尖向外而不向内？

（5）你是否用中等速率讲话，大声而且自信？

（6）你是否经常以放松、自然流露的方式微笑？

（7）你是否在交谈时与周围的人保持目光接触？

（8）你是否手势放松、不机械，包括以欢迎的方式指向别人，而不是指责的方式，比如使用手势来表示"你是正确的"，或者"轮到你发表评论了"？

参考解析

懒散和瘫软通常被解释为低自信的反映。

晃动通常被解释为低自信和缺乏领导力的标志。

脚尖向外通常被视为处于较高地位，而脚尖向内则被视为自卑的象征。

缺乏自信的人往往说话过快或很慢。

【笔记栏】

第十章

沟通中的倾听与反馈

一家商业地产公司，于某中心城市的繁华地段开发了一个商业项目。由于前期的工程建设比较匆忙，以及地下建筑结构本身比较复杂，存在很多遗留问题，这些问题导致了很多的客户投诉。

为此，项目经理专门召开了部门会议：

项目经理：今天我在现场巡视时，一个租户投诉说一个漏水问题报了半个月，仍没有得到解决。客户今天去追问我们的客服人员，才知道客服人员已经报给工程部了，但具体进展到哪里不是很清楚。怎么会出现这样的问题呢？

客服人员：我一接到客户的信息反馈，当时就打电话给工程部的接单人员了，让他们把维修单派下去。

工程接单员：我们部门在接到维修单时肯定会立即把维修单指派给相应的工程人员去维修的。

项目经理：那这张维修单现在到底处理得怎么样了？你们谁知道？

客服人员和接单员：……

本来很简单的维修问题，为何没有得到迅速有效的执行呢？其问题就出在该商业地产公司的客服部门没能及时跟进。其实，企业在实际工作中往往存在许多需要员工主动跟进的情况，这些工作如果不及时跟进，就很难如期完成或取得成效。

在上述案例中，如果客服人员在告知工程部维修事项后，能主动有效地跟进工程部的工作并进行相应的督促，同时及时向客户解释，告知客户工程部的工作进展，那么即使工程部不能立即解决问题，由于客服部及时向客户进行了解释，客户的投诉和不满也会相应减少；同时，如果工程部的接单人员具备跟进意识，将问题解决的情况及时主动地通知客服经理或客户，那么也能避免客户投诉和不满情况的出现。

在任务执行中，方方面面的事情都需要跟进：

老板交代的事情，管理者需要跟进，以掌握事件的进展；

下属制订的工作计划，上司需要跟进，以确认实施的效果；

与客户约定的见面时间、地点等需要跟进，以确保约见如期进行；

采购物资，需要及时跟进，以了解货物目前所处的地点；

在会议上形成的决议，需要及时跟进，以落实会议达成的计划；

提交给客户的方案或解决措施需要跟进，以获得对方案的修正意见和实施情况；

新员工入职，管理者也要跟进，以了解该员工在本公司的工作情况；

上级对下级制订的工作计划需要跟进，以随时了解工作进度；

…………

10.1　沟通中的倾听

1. 什么是倾听

"倾听"这个词在生活中十分常见，我们倾听别人的意见、倾听别人的故事，但是倾听远远没有我们想象得这么简单，能成为一名优秀的倾听者是不容易的。"倾听"与"听"不一样，"听"是声波传到耳膜引起振动后经听觉神经传送到大脑的过程，"倾听"是大脑将这些电化学脉冲重构为原始声音的再现，再赋予其意义的过程。除了疾病、外伤造成的失聪或者使用耳塞之外，人们几乎无法停止"听"，不管我们想听还是不想听，耳朵都会接受所有的声波并将其传到大脑。我们一直在听，却不一定在倾听。我们生活中所说的"听不进去""左耳进右耳出"就是属于听但是没有倾听。

那么怎样才算倾听？倾听，至少在沟通的角度是解读别人所说信息的过程。一个好的倾听者所接受到的表达者传达的信息包括：听到的基本语言信息、隐含的信息、非语言表达的信息。

2. 倾听的重要性

在与人建立关系上，倾听至少与"说"有着同等重要的地位。事实上，与其他沟通形式相比，人们确实花费了更多的时间在倾听别人说话上。一项对大学生的研究显示，他们的沟通时间中，平均有 11% 的时间花在书写上，16% 的时间用在说话上，17% 的时间花在阅读上，而多达 55% 的时间花在倾听上。其中，倾听信息的来源主要包括大众媒介和人际沟通。（见图 10-1）

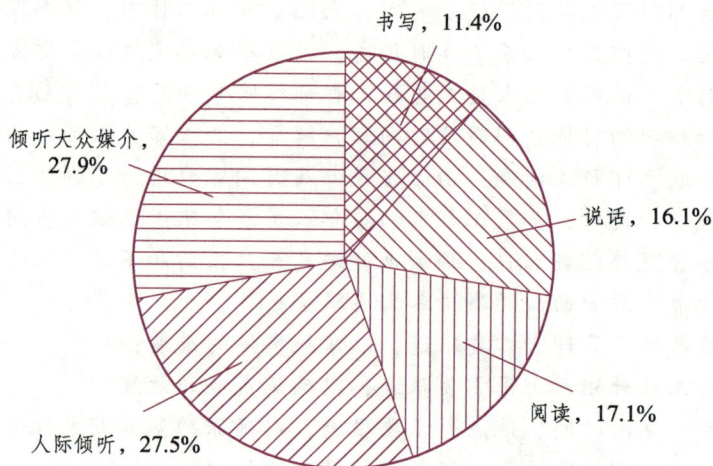

图 10-1　沟通活动的时间分配

书写，11.4%

倾听大众媒介，27.9%

说话，16.1%

阅读，17.1%

人际倾听，27.5%

在实际工作中，倾听被充分证明是管理者的最基本素质之一。日本松下电器的创始人松下幸之助把自己的全部经营秘诀归结为一句话：首先细心倾听他人的意见。在实际工作中，信息通畅对于企业的日常运营有着巨大的作用，"倾听"作为获取信息的重要途径，是需要被重视起来的。

3. 倾听的过程

倾听分为接收、专注、理解、记忆四个过程。

（1）接收。

当听到声音并留意到当中的信息，这时，接收就开始了。在这个过程中，会受到很多因素的影响，其中包括背景噪音、注意力不集中等。如果周围的环境中有其他嘈杂的声音，尤其频率又刚好与接收的信息一样时，就会很难从所处的背景中获取到我们需要接收的重要信息。除了环境的外在因素，自身的内在因素也会影响接收的过程，比如睡眠不足、身体困乏，导致注意力不集中，这时我们的大脑将信息屏蔽，使得信息无法被接收。

（2）专注。

接收是一个生理过程，而专注是一个心理过程。大脑对信息的处理量是有限的，我们不可能专注于信息发送者说的每一字，所以，我们必须过滤掉一些信息，以便能够将注意力放在重要的信息上。我们的愿望、需求、欲望和兴趣等，都决定了我们选择的信息焦点。当和朋友聊天的时候，聊着不感兴趣的事物时，我们会更留意周围的环境，寻找更加有趣的事物；当聊感兴趣的事物时，我们会兴高采烈地和朋友探讨这个问题。

（3）理解。

理解发生在弄清楚一个信息的意思的时候。接收者往往不能明白表达者真正想传达的信息，一是因为可能自己的认知不够，理解信息存在困难；二是因为不能全维度了解表达者的意思。前者主要出现在我们不熟悉的领域，而在现实中更多出现的是后者。事实上，每条信息都是一个装有许多消息的包裹，这无疑是人际沟通如此复杂、容易受到干扰的原因之一。

为了能够有条理地展示信息中包含的多个消息，我们将信息分为四个维度：事实维度、自我表达维度、关系维度、诉求维度。（见图10-2）

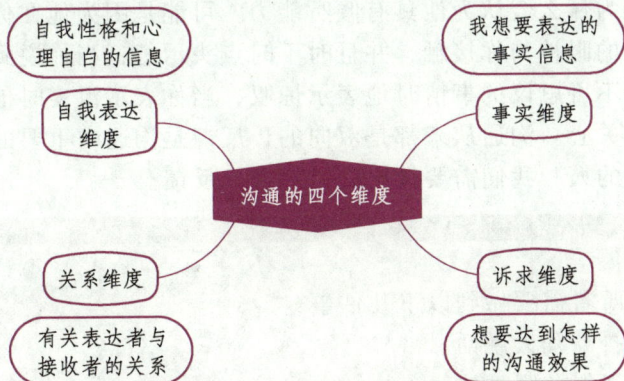

图 10-2　信息的四个维度

① 事实维度。

事实是信息的基础维度。人们发送的每条信息都包含着表示事实的信息，当我们客观来看待表达者传达的字面信息时，就已经从事实维度理解信息了。

② 自我表达维度。

除了客观事实，在事实维度的基础上，人们的表达通常都会加上一些自己的主观看法，表达出个人信息，包括心里的想法和自身的情感。

③ 关系维度。

关系维度主要体现发送者对接收者的看法和态度。通常，这一维度会通过措辞、语调和其他非语言表达展现出来。如果观察得足够仔细，我们可以从中察觉到自己被怎样对待。

④ 诉求维度。

没有什么内容只是"说说而已"，几乎所有的信息都具有影响接收者的功能。发送者信息传达的诉求可以是让接收者付诸某种行动或停止某种行为，也可以让接收者进行思考或感受。

4. 记忆

记忆是记住信息的一种能力。如果我们无法记住自己听到的信息，便会枉费我们对倾听所做的努力。研究指出大部分人对刚刚听完的信息只能记住 50%的内容；八小时内这个数据会下降到 35%；两个月后平均只会剩下 25%。由此看出，能够被我们的记忆所保留下来的只有很小的一部分。

所以，通过以上对倾听过程的认识，我们应该能了解到有效倾听是一件多么困难的事。

10.2 沟通中的反馈

在人际沟通中，倾听发送者的信息后，接收者需要做出适当的反馈。作为一个优秀的倾听者，在倾听表达者传达信息的过程中，首先须让表达者感觉到我们给予对方的关注，在倾听后，也应给予对方适当的回应。换一个角度，假如你认为某人是一个优秀的倾听者，你为什么会认为他具有倾听能力？可能是因为他在你说话时使用了回应，当你说话时他的眼神与你接触，并且时不时点头示意，当你说到重要的事情他聚精会神，当你说到不可思议的事情时他表示惊叹，当你表示沮丧时他给予鼓励，当你受到伤害时他给予关心。沟通从来都是双向的，反馈是沟通中重要的一环，在不同的情景中，对于不同的人，我们需要做出有针对性的反馈。

【沟通小贴士】

成为良好的倾听者需要做到以下几件事：

（1）不要随便打断别人说话。

（2）要与讲话者保持眼神接触。

（3）在接收信息后，应该对模糊不清或者自己不懂的地方提出疑问。

（4）在接收信息后，应该用自己的语言解释接受的内容，进行确认。

10.3　高效沟通的基本步骤

倾听与反馈只是沟通中的基础部分，要想做到高效沟通，还要做到以下的步骤：事先准备—确认需求—阐述观点—处理异议—达成协议—共同实现。

1. 事先准备

在沟通之前要先明确自己的目标，预测可能发生的情况。

首先，在与别人沟通之前，心里一定要有一个目标，明确自己希望通过这次沟通达到什么目的，即确定自己的目标。

其次，需要制订一个计划，可以列一个表格，把要达到的目的、沟通的主题、方式以及时间、地点、对象等列举出来。

然后，要预测可能遇到的争端和异议，根据具体情况对可能性进行详细的预测。

最后，要明确双方的优势劣势，设立一个合理的双方目标，这个目标要求大家都能接受。

这些事先准备，就是为了确定我们沟通时想要达成何种目标。因此，在与别人沟通面谈时，首先要说："我这次与你沟通的目的是……"

【沟通小贴士】

在与他人正式沟通之前，我们应该做到：

（1）了解沟通对象，包括他的性格、背景。

（2）明确双方的目标，并在适当时候做出调整。

（3）制订具体的详细计划，包括对沟通中可能存在的意外情况的处理。

（4）让对方明确你的目标，表达简短有力。

2. 确认需求

通过倾听完全理解对方所要表达的意思，做到有效沟通，了解对方的需求和目的。

第一步，积极地聆听对方，用心和脑去听，设身处地地去听，以便了解对方的意思。

积极聆听方面，有重要的需要注意的要点和技巧。聆听时，不要在同时对照自己的经验和想法，因为这样就无法做到"设身处地"，导致此时就不能获得准确且有效的信息。聆听时，我们需要做到积极回应，包括点头和话语上的肯定，给对方鼓励，并让他继续讲下去，我们便可能获得更多信息。聆听时也应该适时提出问题，简单重复内容，然后归纳总结，从而更准确地理解对方的意图，并及时表达自己的感受。与倾诉者有了对话和互动之后，对方可以更清楚地表达自己内心。

第二步，进行有效的提问，通过提问更明确地了解对方的需求和目的。

有效的提问，需要更高级的技巧和对话方式。问题通常有两种类型，分为封闭式问题和开放式问题。封闭式问题类似"会议结束了吗？"，只能用是或否来回答；开放式问题类似"会议是怎么结束的？"对方就有更多可以回答的内容。在一段谈话刚开始时，我们总希望营造轻松的氛围，这时候便可以选择开放式的问题，同时也适用于对方比较拘谨时；在话题跑偏方向不对时，可以选择一个封闭式问题扭转局面，使场面不会尴尬并且转回原有的轨道。两种方式各有利弊，封闭式问题可以节省时间却不利于收集信息；开放式问题可以使气氛轻松却浪费时间、容易偏离主题。特别要提到的是，有的问题对收集信息不利，在交流过程中我们应尽量避免使用。

第三步，及时确认需求，当没听清，或者没有理解时，要及时沟通，一定要完全理解对方所要表达的意思，做到有效沟通。我们应用友好委婉的语气询问自己不清楚的内容，进而让对话顺利进行下去。

例如，在询问机票情况时，采用问题"请问今天是否有成都到北京的空余机票？"能更快获得准确信息，若问"今天有八点钟到北京的飞机吗？"得到的回答可能是没有，问九点钟的，依然可能是没有。实际上提问者只是想知道适合自己的航班，前一种提问能更快也更准确地获取信息。

只有确认好需求才能进行下面的会谈，才能最终达到双赢的局面。那这就对聆听技巧有了很高的要求。

【沟通小贴士】

有时听见对方问"为什么？"这句话时会显得很突兀，实际上是因为对方没有听清或者没有理解，所以我们需要再次表达，并且使对方明白。但是注意在提问时要少问为什么，少问带引导性的问题，少问多重问题。因为问很多为什么容易使对方觉得你缺乏专业性知识，引导性问题容易使对方觉得你很强势和强硬，多重问题使对方不易回答。

3. 阐述观点

通过自己的语言，将自己的观点表达出来。

在表达观点的时候，有一个非常重要的原则，就是 FAB 原则。F 代表属性，A 代表优势，B 代表利益。例：你看我这沙发，真皮的，非常柔软，坐上去很舒服。一句话就很明确地说出了沙发的属性，由属性再引发出优势，再由优势提出打动对方的利益。这样无疑会使观点更具说服力，也就赢得了在接下来签订协议时的主动。

4. 处理异议

在沟通中，总会有与别人意见不一的时候。异议的出现可能会带来争吵与矛盾的激化。这时候如何处理非常重要，这关系到沟通是否能继续进行，以及沟通的目的是否能顺利达成。对于其他人的异议，可以通过沟通，利用"借力打力"等方法，最终说服对方。

在与他人沟通过程中，若与他人之间出现了异议，应先思考这个异议出现的原因，到底是自身的问题还是对方的。如问题在自己身上，那么就应该及时进行自我反思，并自我改正。若问题不在自己身上，也不要直接指出对方的错误，可以委婉地指出对方的不妥之处，让对方意识到问题所在。这样可以避免很多不必要的争吵和冲突。

当然，在沟通中，很多时候异议的出现并不是因为某一方的观念或价值观有问题，仅仅只是因为沟通双方的观念或价值观不同而导致的。这个时候，如果我们想让这次沟通有效地进行下去，就需要做出一定的让步，找到对方的观点中对自己有利而又不违背自己原则的点来发挥，来说服对方进而达成一致的认识；或者也可以顺着对方的观点"借力打力"，用对方的观点来说服对方。

前者要先对对方的观点表示肯定认同，然后就其中的一点展开，阐述出其中不妥之处。在这个过程中，要善用"如果"而不是"但是"。虽然这两个词意思相近，都表示转折，但"如果"显得更委婉，让人听起来更舒服，不会产生反感。比如说沟通时出现异议，我们可以说："平心而论其实我觉得你的说法是非常正确，一开始我就是这么认为的，如果状况变成……，我们是不是应该……，会更好呢？"

而后者借力打力的方法则更多地用于处理对方观点不是十分明确，甚至只是一个借口的时候。这个方法就是要先说出对方观点的不对，并直接转换成对自己有利的陈述。借力打力法的重点就在于，要说出自己的建议是能给对方带来较大利益的，这样就可以引起对方注意，顺着己方的观点进行下去。这样便能很好地处理眼前的异议，并有效地减少了以后异议出现的可能性。

总的来说，处理异议最重要的就是要保持冷静理智的态度，在激动愤怒的情况下，无论是谁都不能有效地处理好。心平气和地交流，理智地思考分析，才是有效处理异议的基础。

5. 达成协议

通过双方不断的沟通，双方观点最终达成一致。

沟通的结果就是要达成协议。一定要注意：是否完成了沟通，取决于最后是否达成了协议。如果没有达成协议，那么就不能称之为沟通。在实际的工作过程中，常见到大家一起沟通过了，但是最后没有形成一个明确的协议，大家就各自去工作了的情况。由于对沟通的内容理解不同，又没有达成协议，最终导致工作的效率低下，双方又增加了很多矛盾。所以，在和别人沟通结束的时候，我们一定要用这样的话来总结："非常感谢你，通过刚才的交流，我们现在达成了这样的协议……你看是这样的一个协议吗？"这既表面了感谢，又重述了协议，并确认了对方是否认可这个协议，一个非常重要的沟通技巧就是在沟通结束时候一定要进行总结，这是一个非常良好的沟通行为。

在达成协议时，一个人的表现应该礼貌得体，我们应该感谢、赞美与庆祝。我们要善于发现别人的支持以便给予感谢，要与合作伙伴、同事分享成功。也要记得对合作者的杰出工作给予回报。

【沟通小贴士】

（1）在达成协议的时候，要做到感谢别人。

（2）感谢别人时，我们一定要真诚，要发自内心地感谢。

（3）在达成协议时，要做到赞美别人。

（4）在达成协议时，要庆祝这一协议的达成。

6. 共同实现

达成协议后，双方共同努力实现后续的工作，向着新的目标发展。

通过前面的步骤，如果已经达成协议。那么恭喜你，你已经完成了有效沟通。但是之后少不了"共同实现"这一步。

在实际工作中，任何沟通的结果，仅仅意味着一项工作的开始，而不是结束。达成协议后，我们应该做的便是共同努力，共同实现目标。

（1）为什么这一步不可缺少？

一次高效沟通的完成是要有"效果"的。如果这次沟通并没有达成目的、实现目标，那么就不能称之为一次高效的沟通。虽然沟通已经达成了协议，但是后续的工作仍是要继续的。如果达成了协议就放弃了下一步的沟通，就代表了我们失去了对这次沟通最后成效的把握。

（2）为什么在"共同实现"中仍需要沟通？

在一起完成协议内容时，良好有效的沟通是非常有必要的。在这个合作过程中，如果双方缺少了沟通，极有可能把原能够"一加一大于二"的情况弄成事半功倍的局面。

　　沟通中的倾听与反馈描述了一个共性的过程，本章详细解析了沟通倾听的四个维度、反馈的必要性以及高效沟通的基本步骤。学习了本章内容后，读者可以在生活中的沟通场景思考是否做到了高效沟通的基本步骤，从而提高沟通效率。

【学习训练营】

　　销售人员的倾听能力和对潜在客户情绪的判断对初期建立恰当的客户关系非常重要。下面是一个电话初访的实例：

　　张强："胡经理，您好，我是成都 WH 金属材料有限公司的张强，给您打电话是想给您寄一份材料，我们主要生产钛板、钛棒，希望能有机会为您服务。"

　　胡经理："我们去年已经订购了，这都什么时候了，你们才来电话，今年不要了。"

　　张强："胡经理，其实是否签单、是否订货都不重要，您是甲方，我是乙方，咱们以前也没有打过交道，我这样贸然给您打电话已经很唐突了，还请您原谅。"

　　胡经理："没有关系，都是做生意嘛，现在的确不考虑这个事情了，年底你再联系我。"

　　张强："好的，年底我给您打电话。不过现在不谈采购的事情，有机会我得向您学习、请教呢！眼下钛合金加工企业鱼龙混杂，客户需要关注的是什么，我很想听听您这样的专家的意见。不过也不能耽误您太多的时间，周末您有空吗？"

　　后来他们约好了时间，见了面。张强请教了加工企业发展的经验，胡经理将钛合金制品的订单要求、批量、目前的价位等一一告知。第二年，订单全部被成都 WH 金属材料公司拿到。

　　思考

　　在本案例中张强掌握了哪些倾听与反馈的技巧？

积极倾听的态度量表（Active Listening Attitude Scale，ALAS）

倾听态度

1. 我要在对方结束讲话之前就开始讲话。	1	2	3	4

1. 我要在对方结束讲话之前就开始讲话。　　1　2　3　4
2. 当倾听别人时，我经常在了解情况之前就开始和对方争论。1　2　3　4
3. 在倾听时，我倾向于与其他人交谈，坚持听他/她的琐碎话。

　　　　　　　　　　　　　　　　　　　　　　　　1　2　3　4

4. 我习惯从批评的角度看另一个人。　　　　　1　2　3　4
5. 当我想说些什么时，我会打断其他人。　　　1　2　3　4
6. 我倾向于敦促对方语速更快。　　　　　　　1　2　3　4
7. 当我的观点与他人不同时，我倾向于否认对方的观点。1　2　3　4
8. 在与他人交谈时，我倾向于以有指导性和说服力的方式进行交谈。

　　　　　　　　　　　　　　　　　　　　　　　　1　2　3　4

9. 在与他人交谈时，我倾向于坚持我的观点。　1　2　3　4
10. 在倾听的时候，我会由于不理解对方的感受而感到恼火。1　2　3　4
11. 当我心情不好时，我说话会很有进攻性。　　1　2　3　4
12. 我会专心听对方讲话。　　　　　　　　　　1　2　3　4

听力技巧

13. 当他/她说话时，我会冷静地听对方说。　　1　2　3　4
14. 听别人说时，我会设身处地地替他人着想。　1　2　3　4
15. 我会在脑海里总结对方说的话。　　　　　　1　2　3　4
16. 关于对方说的话，我有时会给一个简短的摘要。1　2　3　4
17. 我习惯于认真听别人的话。　　　　　　　　1　2　3　4
18. 对方犹豫不决时，我会给他/她机会说："例如，这是这样的吗？"

　　　　　　　　　　　　　　　　　　　　　　　　1　2　3　4

19. 听别人说话时，我会注意他/她未表达的感受。1　2　3　4
20. 听别人说话时，我会更多地关注对方的感受的变化，而是谈论谈话的内容。

　　　　　　　　　　　　　　　　　　　　　　　　1　2　3　4

21. 在听别人讲话时，我能意识到自己的感受。　1　2　3　4
22. 我很高兴能给另一个人一些建议。　　　　　1　2　3　4

谈话机会

23. 我亲自与他人交谈。　　　　　　　　　　　1　2　3　4
24. 有人向我请教过建议。　　　　　　　　　　1　2　3　4
25. 我是那种人们觉得容易沟通的人。　　　　　1　2　3　4
26. 如非必要，我不喜欢和别人交谈。　　　　　1　2　3　4
27. 我通常愿意跟别人交流。　　　　　　　　　1　2　3　4
28. 我会直接表达我的感受。　　　　　　　　　1　2　3　4

29. 我会倾听别人的担忧，但是我不会向别人倾诉。　　　　1　2　3　4

得分与解释

评分标准：1=1分，2=2分，3=3分，4=4分。

结果评价：得分达108～116分，你是一个优秀的倾听者；

得分在96～104分，你是一个很好的倾听者；

得分在81～92分，你是一个勇于改进、尚算良好的倾听者；

得分在70～80分，在有效倾听方面，你确实需要再训练；

得分在69分及以下，你迫切需要改善倾听。

第十一章

人际沟通的风格

案例导入

A城公共交通总公司是A城大型国有企业，Z总作为企业领导者，一直担负着巨大的工作压力。马家湾是A城北部郊区一个人口密集区，由于该区域建设前期未做公共交通规划，只有本区开通的途经该处前往A城市区的几条线路，发车间隔时间长。对此，2018年3月，市民提出要求，即要求A城公交总公司开通往返马家湾到城区的线路。该信息在短时间内得到广大群众的热议和支持，引起市上领导重视，责成职能部门迅速落实。

接到通知后，Z总立即召开专题会进行研究，会后组织相关人员紧锣密鼓一并赶赴现场进行勘查、调研，加班加点，与相关人员和市民访谈；随后，在最短的时间内向主管部门递交相关问题的说明。然而，相关部门考虑到法律法规以及安全隐患，将该提议驳回。Z总并没有因为遇到困难而放弃市民的要求，而是迎难而上，又主动表示："尽管公交不能走高速，但是，为了解决马家湾地区市民出行需求，我们有信心克服马家湾没有公交场站的困难。"随后，在一周内该公交线路正式开通。此举措得到马家湾地区市民的一致认可。开通初期，马家湾市民自发组织多次前往公交公司送去致谢锦旗，感谢他们解决了马家湾地区市民"出行难"的问题，为Z总真心实意为民众办实事的态度点赞。

11.1 选择与沟通对象接近的方式

我们在工作生活中，都会遇见不同类型的人。物以类聚，人以群分，两个风格相似的人沟通效果会更好。只有了解不同人在管理沟通过程中不同的特点，才有可能用相应的方法与其沟通，最终达成一个完美的结果。具体的方式有：

（1）谈心式。同沟通对象交流时要坦诚相待，相互平等地交谈。态度要热情，语气要和蔼，气氛要宽松。

（2）启发式。当沟通对象对某个问题答不上来或不愿回答时，要给其正确的启发和引导，有些问题回答不对时也要及时给予纠正。

（3）问答式。当自己提出的问题要求对方明确回答时，需要罗列好谈话提纲，先问什么，后问什么，哪些是重点，都应该做到心中有数。这样，才能保证沟通的效果。

1. 当对方情绪激动时应该怎样做？

不要主动提及问题，以安抚对方情绪为主，等对方冷静下来再聊。

2. 对不同的类型的人要采用怎样的沟通方法？

按照对方想法进行沟通。如对方是一个严肃认真、有条不紊、注意细节的人，我们在沟通时需要一样做到严肃认真。而如果对方是一个热情、直率友好、不注重细节、幽默的人，我们在沟通时需要配合对方，通过一些动作眼神与对方交流。

3. 怎样达到有效的沟通？

从对方感兴趣的话题入手；紧紧围绕对方的利益来展开话题；多提问，诱导出对方的想法和态度；以商讨的口吻向对方传达自己的主张和意见；注意力集中，尽可能多的与对方进行目光对接交换。

4. 怎样跟对方沟通更加礼貌？

在跟对方沟通时善于用肢体语言和眼神交流，不能一直自己一个人说，要引导别人开口，表达其意见。

11.2　人际风格的分类

【经典案例】

"三打白骨精"的故事也能很好地反映出不同类型的人在面对同一件事时的差异。一心想吃唐僧肉的白骨精，见孙悟空不在，化作一个美少妇，想趁机掳走唐僧。八戒见了美少妇，使尽浑身解数搭讪，想讨人家欢心。正在此时，悟空化斋回来，见了白骨精抢棒就打。唐僧见状，立即喝止悟空。可悟空见了妖精岂能不打，一棒结果了美少妇性命。唐僧急了眼，立刻念起了紧箍咒。沙和尚见状，立刻向唐僧求情："师傅，大师兄也是为了保护你，大师兄做得对呀。"唐僧虽宅心仁厚但坚持原则，滥杀无辜必须惩处，把孙悟空逐出了师门。沙和尚又追上来安抚："大师兄，师傅撵你走，也是出于无奈，师傅做得对呀。"

唐僧为何如此坚持原则，没有证据绝对不相信悟空的判断呢？

悟空为何不能屈服，非直来直去见妖就打呢？

八戒为何见了异性就走不动道儿，非要讨人家欢心呢？

沙和尚为何刚说师傅做得对又说大师兄做得对，两头儿当好人呢？

1. 人际沟通风格的分类

（1）人际沟通风格类型。

管理沟通中的人际风格可以从情感度和表达度上归为四人类：分析型（猫头鹰）、

和蔼型（考拉）、表达型（孔雀）和支配型（老虎）。（见图 11-1）

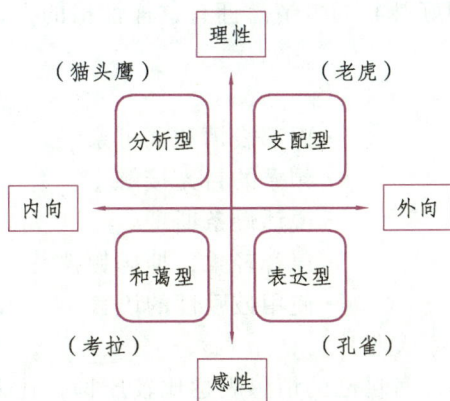

图 11-1　人际沟通风格类型

（2）各种人际沟通风格的特征。

① 分析型：

- 严肃认真
- 有条不紊
- 语调单一
- 真实的
- 寡言的、缄默的
- 面部表情少
- 动作慢
- 合乎逻辑
- 准确语言，注意细节
- 有计划有步骤
- 使用挂图
- 喜欢有较大的个人空间

分析型人际交流风格具有能发现问题、缄默少语、注意细节、注重准确与精确、爱思考、爱做文字记录、爱阅读和写东西等性格特点。这些人十分理性，做事追求细节和精确性，没有具体的证据几乎不会情感用事。这也能解释《西游记》三打白骨精中唐僧的做法：虽然悟空的目的是保护自己，但拿不出证据就算是滥杀无辜。师徒二人虽情谊深重，但滥杀无辜就必须惩处甚至逐出师门，凡事都要有精确的依据而绝不能意气用事。显然，这种人际交流风格有利有弊，要扬长避短，就必须试着不要太刻板，要适当附和别人，要会去赞美别人。

② 支配型：

- 果断
- 指挥人
- 独立
- 有能力
- 热情
- 有作为
- 强调效率
- 有目光接触
- 说话快且有说服力
- 语言直接，有目的性

除了分析型的"唐僧"们，我们的身边还有很多以"孙悟空"为代表的老虎型，即有着支配型人际交流风格的人。"老虎"们具有决断、直截了当、重利益、对时间十分敏感、好胜、以结果为导向、没有耐心、注重短期回报等特点。所以明知道唐僧最讨厌滥杀无辜，明知众人会误解自己，孙悟空还是不肯屈服，直来直去地见妖就打，至于长期影响，这类人不会也没有耐心去考虑，嫉恶如仇的他们总是风一般地决断，直截了当地做出符合他们好胜心的事情。拥有这样性格的人，最需要改进的是要学会说对不起。

③ 和蔼型：

- 合作
- 友好
- 赞同
- 耐心
- 轻松
- 办公室里大概率有家人照片
- 面部表情和蔼可亲
- 频繁的目光接触
- 说话慢条斯理
- 声音轻柔，抑扬顿挫
- 使用鼓励性的语言

和蔼型的人极其敏感，对自己的情感表达比较压抑，让人很难去真正了解他们内心的想法。他们往往会关注到他人很细微的一些表情或者动作，然后会凭自己的想象臆断出很多内容。比如你和他对话时，开始一直保持微笑，但你突然不笑了，这类人就会想：他为什么不笑了？是不是我哪句话说错了？会不会是我得罪他了？是不是以后他就不来找我了？而且对于内心的种种想法，他们往往不会倾吐出来，会憋在心里反复琢磨。而这样的做法最后很可能会导致消极的结果。

④ 表达型：

- 外向
- 直率友好
- 热情
- 不注重细节
- 令人信服
- 幽默
- 合群
- 活泼
- 快速的动作和手势
- 生动活泼、抑扬顿挫的语调
- 有说服力的语言
- 陈列有说服力的物品

表达型的人具有比较不注重细节，一些比较琐碎的事常常容易忘记的特点。这种类型的人在交流过程中是很活跃的，他们很愿意也擅长表达自己的情感，但有时他们会显得过分热情，过分想要表达自我，从而让与其交流的人感到有些压迫感，有些无所适从。而且他们有时显得自我了一些，没有关心到身边人的情绪。

【沟通训练】

1. 完成一项工程，领导和技术指导员哪个岗位更适宜分析型的人？
2. 人际风格是从哪两个方面分类的？
3. 分析型和支配型的人，哪个更容易调动起他们的热情？
4. 分析型和支配型的人，哪个更需要给他们留有更大的个人空间？
5. 支配型的人在人际沟通中需要注意什么？
6. 分析型的人在人际沟通中需要注意什么？
7. 与分析型的人交流时，我们是否应该尽快切入主题？
8. 在支配型的人面前说话时，声音应该是要大还是要小？
9. 与哪个类型的人接触时，要避免目光接触？

10. 在三打白骨精的故事中，从哪里可以看出孙悟空是支配型的？说出两点判断依据。

11. 人往往是一个多面体，一个人身上总是同时存在两种甚至更多交际风格，那么，我们应当如何处理这些"不同的自我"，让他们和谐的共存呢？

参考答案：首先，要对自己要有一个清晰的认识，清楚自己的风格。然后在不同的时间和地点，面对不同的人，调整自己与人相处的方式。每个人都有一种主导类型的，当然这种主导并不绝对。这有时会因外界环境变化而改变，然而这种情况绝不会是常态。所以我们在人际交往时要有自己坚守的原则，以此为前提随机应变，自我调整。比如，一个主导为和蔼型的人，完全不必强迫自己去成为一个表达型的人，在公众高谈阔论，滔滔不绝。但他也确实需要在该发声的时候勇敢表达出自己的想法。

12. 怎样的风格搭配会让人更加易于在交际过程中处于有利地位，也更易于获得成功呢？

参考答案：拿两种风格的共存来说，笔者个人认为分析型与表达型兼有的人会更加容易获得成功。比如钱锺书先生，他在做学术研究的时候是极为认真，无比投入的，此时他偏向于一个分析型的人。而他在平时的生活中又是一个非常有活力，善于表达自己的，可以与孩子玩闹，与妻子打趣的人。其实，有很多成功的人都是如此的，他们在完成自己工作时是十分严谨、寡言、认真的，他们面对公众又是极富表现力的。这样的人，既有真才实学，又能让别人接受和理解他们，所以是较容易成功的。

11.3 与不同风格的人沟通的技巧

1. 与人沟通的前提

（1）不同的人，在不同的场合，对于不同的角色，会呈现不同的风格。
（2）团队里需要不同人际风格的人相搭配。
（3）不要过于对人分类、贴标签，只需要做适当观察、分析。

2. 不同人际沟通风格类型特点分析

（1）分析型。
① 特征识别：
· 对待任何事情都严肃认真，但动作思维缓慢。
· 在他们手里的事情都有条不紊，合乎逻辑，完成任务有计划有步骤。
· 说话时语调单一，没有太多的感情色彩，面部表情少，性格缄默，喜欢有较大的个人空间。
· 他们的语言描述准确，甚至于精确。他们注意细节，喜欢真实地反映事实。
· 倾向于使用挂图和海报等方式进行教育宣传。
② 应对的策略方法：
因为分析型的人注重细节，所以和他们相处的我们也要注意细节。
· 遵守时间，要有较强的时间观念。

·单刀直入，尽快切入主题，拐弯抹角和旁敲侧击只会让他们更加反感。当和分析型的人有共同的工作任务时，要一边说一边拿纸和笔在记录，像他一样用认真一丝不苟的态度对待工作。

·但值得注意的是，与分析型的人沟通时，我们也要注意自己的肢体语言和神情语言。不要有太多和他眼神的交流，更要避免有太多身体接触，身体不要太多的前倾，应该略微的后仰，因为分析型的人强调安全，要尊重他的个人空间。同分析型的人在说话的过程中，适宜用准确的专业术语，要多列举一些具体的数据，多做计划，使用图表。

③ 分析型类型总结：分析型的人是理性和内向的一类人。

平日里他们言语不多，但他们对别人所注意不到的细小事物有更强的敏感性，对生活有更细致更清晰的观察。他们要不就不说话，要说话都是说一些富有专业性并且很准确的语句，他们对待工作一丝不苟，态度十分认真，因此具备高效率。在社交生活方面，他们喜欢给自己留下很大的空间，强调自身安全，避免和他人有太多的身体接触。因此，在面对他们的时候，最好能了解以上几点，并保持相对一致，才更容易与他们融洽相处。

（2）支配型。

① 性格特征：

·行事果断，更加强调效率，讨厌低效的一切。

·有能力去做很多事情，在某一些领域上很有作为，做事有很强的目的性和功利性。

·喜欢当指挥人的角色领导众人，说话快且有说服力，热情，语言直接，喜欢和别人目光接触。

·他们更独立，面部表情比较少，情感不外露，是有计划的，审慎的。生活习惯上倾向于使用日历。

② 应对的策略和方法：

·支配型的人非常强调效率，要在最短的时间里给他一个非常准确的答案，而不是一种模棱两可的结果。

·和他沟通的时候，可以问一些封闭式的问题，他会觉得效率比较高。

·要讲究实际情况，有具体的依据和大量创新的思想。

·同支配型的人沟通的时候，一定要非常直接，不要有太多寒暄，直接告诉他你的目的，要节约时间。

③ 支配型类型总结：支配型的人是理性和外向的一类人。

支配性的人最大的特点就是有很强的功利色彩和成就意识，他们往往在某一方面有较强的能力，同时他们也很渴望用自己的才能有所建树，所以在这种功利思维的支配下，一方面，他们十分强调效率的重要性，对自己和他人都要求尽可能高效，另一方面，他们喜欢以领导人的身份去管理别人、指挥别人，去做到一些自己一个人做不到，而一个集体却能做到的事情，这也是功利思维延伸拓展的一个体现。在生活上，他们更加独立，有自己的一些想法和处世原则，他们对待事物的热情态度是由功利思

第十二章

面试与面谈

过去，每当有人来访时，小丽都生硬地坐在办公桌后面，使对方远远地坐在桌子对面，这种安排使双方产生了一定的心理距离，明显地使他成为交谈中的领导者和优势者。但这使得访客不会很愉快，也影响交谈的质量。后来，她重新布置办公室，使来访者和她坐在办公桌的同一侧。这种安排使来访者觉得双方更为平等，也更容易接受二者之间的交谈。它的另一个优点是，在办公桌上开辟了一个工作区，以便互相审阅工作文件，当她希望与她的团队成员建立更为非正式的关系时，她还会绕到办公桌前面，坐在靠员工比较近的沙发里。

12.1　面谈的概念

面谈是任何有计划和受控制的、在两个人（或更多人）之间有目的进行的、并且在进行过程中互有听和说的谈话。从面谈的定义来看，它具有以下几个特征：

（1）目的性：参与面谈的一方或多方有明确目的。

（2）计划性：面谈发起的人须预先准备谈话的计划。

（3）控制性：至少有一方控制谈话的主题内容走向。

（4）双向性：面谈必须是相互的，而不是单向的教训和批评；

（5）即时性：面谈一般要求沟通双方即时对沟通信息做出反应。

与平常的聊天相比较，面谈是正式的，发起者需要有目的地与对方沟通交流，并且要预先做一定的准备，引导话题走向，控制面谈的时间，面谈后记录下面谈结果，从而达到面谈的目的。面谈时，沟通双方以口头语言作为沟通的媒介，针对沟通对象的特点，选择相应的沟通策略（此处可参照人物沟通风格及对策）。

在工作和生活中，常见的面谈主要是招聘面试和绩效面谈。

招聘面试是一种面试人与求职者之间相互交流信息、有目的的会谈，它使招聘方和受聘方都能得到充分的信息，以做出正确的决定，是一个双方彼此考量和认知的过程。

绩效面谈是现代绩效管理工作中非常重要的环节。通过绩效面谈可以实现上级主管和下属之间对于工作情况的沟通和确认，找出工作中的优势及不足，并制定相应的改进方案。

12.2 面谈的重要性

有效的面谈能互换信息，实现共赢。例如猎头公司在寻找求职者时，要与求职者进行面谈，猎头公司表明待遇，求职者则说明要求。在求职面谈的提问环节，被聘者一定要抓住这个展示自己的机会，可以问"我完成自己的职业规划大概需要多少年？""我到公司后有没有学习、培训、深造的机会？"等这类问题，实现双方的信息互换。

有效的面谈能解决某一方的问题。这里要提到的一个例子是心理医生与患者的面谈，这种面谈就很像谈话，心理医生有意识地引导患者，并且提问也不会让患者意识到自己的意图，从而在面谈中发现患者的问题，并潜移默化地开导患者。

从管理者的视角来看，管理者面临着各种面谈，如绩效评估、雇用、劝说、离职、解决问题、提供信息等；从接见者的视角来看，接见者需要学习如何准备面谈问题、如何选择面谈策略以及如何克服一些特殊障碍等。

12.3 面谈的过程

面谈的过程如图 12-1 所示。

确定面谈的目的	设计面谈问题	安排面谈信息结构	安排面谈环境	预期对方问题并准备回答	实施面谈

图 12-1 面谈的过程

1. 确定面谈的目的

任何有计划的面谈，都要清晰确定面谈的目的。若要成功地进行某个面谈，或者使自己成为一个有效的沟通者，在每次面谈之前都要清楚面谈的目的。

面谈有四个基本目的：

（1）信息的传播。比如教师与学生的面谈，新闻记者与采访对象的面谈等。

（2）寻求信念或行为的改变。比如产品推销、训导、劝告、绩效评估等。

（3）解决问题和对策。比如招聘面试、绩效评估、看病、劝告、申诉、父母与教师讨论孩子的学习问题等。

（4）探求与发现新信息。比如学术团体、社会团体对个例的调查，市场调查，民意测验，学术讨论和记者调查等。

在进行面谈前，我们要思考以下几个问题：

（1）我要的结果是什么？

（2）他要的结果是什么？

（3）他的底线是什么？

（4）他会拒绝哪些方面？

（5）有没有应对办法？

（6）如何成交/结束面谈？

2. 设计面谈问题

问题来源于目的，提问是在面谈中获取信息的基本手段。任何访谈者都会提问，只有有备而来的访谈者才能提出有效的问题，从而获取他们所需要的信息。在准备问题时，很重要的一点是根据被访问者的特点来组织并使用对方能懂的语言，以提升相互之间的沟通效率，准确传达信息。在问题设计上，可采用两种类型的问题：开放式问题和封闭式问题。这些不同类型的问题可以达到不同的效果，获取各具特点的信息。

开放式问题的适用场合：

（1）了解被访者优先考虑的事。

（2）找出被访者参照的结构。

（3）让被访者无拘束地讨论他的看法。

（4）明确被访者的知识深度。

（5）弄清被访者表述能力怎样。

封闭式问题的适用场合：

（1）节省时间、精力和金钱。

（2）维持、控制面谈的形势。

（3）从被访者处获取非常特定的信息。

（4）鼓励被访者完整描述一个特定事件。

（5）避免被访者泛泛而谈。

（6）鼓励腼腆的人说话。

3. 安排面谈信息结构

确定面谈目的、设计好面谈问题后，下一个步骤就是确定面谈内容的结构，面谈内容的结构分为漏斗型和倒漏斗型。

漏斗型：从一般到特殊，例如"有关在大楼内吸烟的规章，你认为怎么样？""这些规章公平吗？""这些规章是否限制了员工中的抽烟，实施状况如何？"

使用漏斗型顺序的背景（见图12-2）：

（1）试图发现被访者的总体看法。

（2）避免诱导被访者。

（3）想竭尽所能去探求问题。

（4）被访者愿意讨论这个话题。

倒漏斗型：从特殊到一般，例如"这些规章怎样限制了员工的抽烟状况？""这些规章公平吗？""对于有关在大楼内吸烟的规章，你认为究竟怎么样？"

使用倒漏斗型顺序的背景（见图12-3）：

（1）在总体反应之前了解特定事实。

（2）想鼓励一个不愿开口的被访者。

（3）想唤起被访者的记忆。

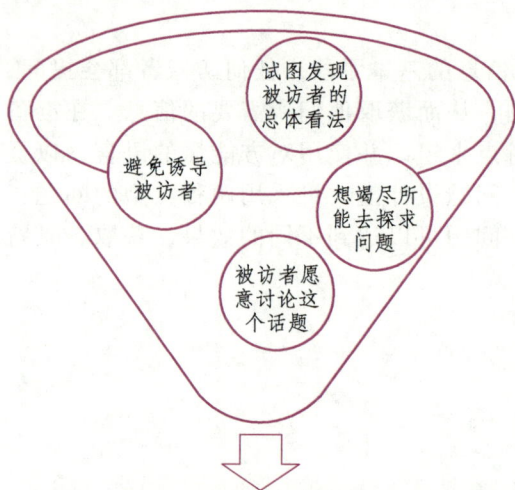

一般到特殊
图 12-2　漏斗形

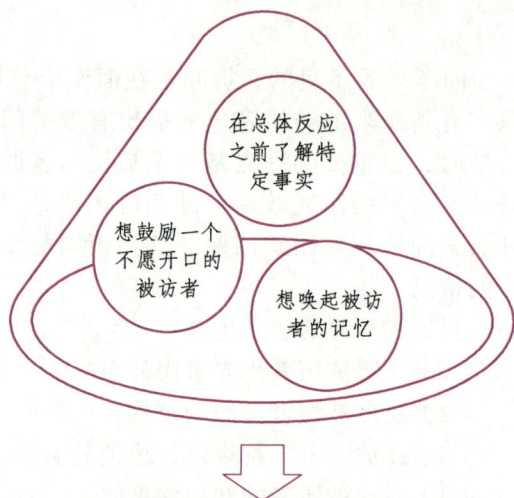

特殊到一般
图 12-3　倒漏斗形

4. 安排好环境以增进关系

面谈地点会对面谈的气氛和结果产生较大影响。环境的选择取决于面谈的目标。最重要的是，在所有可能的情况下，应当努力在一种有助于实现所寻求的目标的环境中进行面谈。

5. 预期对方问题并准备回答

当准备面谈时，应当考虑可能遭遇哪些情况，被访者可能怎样回答提问，他们会提出什么异议或问题，被访者的个性以及在面谈中的地位（支配地位还是被支配地位），预计需要多长时间完成面谈等。每一次面谈都会遇到新问题，如果能事先考虑到这些情况，在实际面谈时就会比较主动。

大多数的问题可以归纳为"4W1H"或"5W1H"。

为什么（Why）：

（1）面谈的主要类型是什么？

（2）究竟希望实现什么？

（3）你是在寻求或传递信息吗？如果是，那么是什么类型的信息？

（4）该面谈寻求信念和行为的转变吗？

（5）要解决的问题的性质是什么？

与谁面谈（Who）：

（1）他们最可能的反应/弱点是什么？

（2）他们有能力进行你所需要的讨论吗？

何时何地（When & Where）：

（1）面谈在何地进行？

（2）它可能被打断吗？

（3）在一天的什么时间进行？

（4）面谈前可能发生什么？

（5）你在这件事中处于什么位置？

（6）需要了解事情全貌，还是只需提示一下迄今为止的最新情况？

谈什么（What）：

（1）确定主题和会涉及的提问。

（2）被问问题的类型。

怎样谈（How）：

（1）如何能实现你的目标？

（2）你应如何表现？

（3）以友好的方式开始和直接切入主题哪种好？

（4）你必须小心处理、多听少说吗？

（5）先一般性问题再具体问题，还是先具体问题再一般性问题？

（6）如何布置桌椅？

（7）如何避免被打扰？

6. 实施面谈

（1）实施面谈的三个阶段。

① 阶段一：引子阶段。

·引出面谈的目的；

·将如何达到那个目的；

·思考将怎样利用面谈中获得的信息。

② 阶段二：主体阶段。

·详细的深究；

·澄清式深究；

·反射式深究；

·重复式深究。

③ 阶段三：结束阶段。

·明确表示面谈即将结束；

·总结检查。

（2）提问的一般规则。

① 一次只提出一个问题。

② 不要提出涉及个人隐私的问题或敏感性的问题。

③ 不要提出过多的封闭性问题。

④ 不要提出对方厌烦或不喜欢的问题。

⑤ 要在回答者回答完已提出的问题后再提下一个问题。

⑥ 在提出重要的问题后一定要确认对方的答案。

⑦ 先问友好问题，再问有争议性的问题。

⑧ 不要提出有明显答案、华而不实、有操纵性的问题。

⑨ 多提简短的、易理解的问题。

（3）提问技巧。

① 向对方解释你为什么提问。

② 当对方初次问及需求、目标、难题或其他需要时，要用一般的提问方式试探。

③ 提问时一定要提到对方的名字。

【沟通小贴士】

提问行为事例问题的"STAR"原则

STAR 原则是指提问关于行为事件的问题时，要问清楚以下四个问题：S：Situation（情况）；T： Task（任务）；A： Action（行为表现）；R： Results（结果）。也就是事件发生的背景、需要解决的问题、应聘者在事件中的行为表现以及最终的结果如何。

S（情况）/T（任务）：发生了什么情况？需要解决什么问题？包括应聘者的职务、上司或客户对应聘者提出的要求等。

A（行动）：怎样处理的？做出了哪些实际行动？通过候选人当时的行为，可以了解候选人以往的工作表现和行为习惯，包括完成某项工作的步骤、如何筹备和进行工作项目、应付紧迫的工作或避免工作延误所带来的损失、本应实行但没有做的补救措施等。

R（结果）：达到预期目标了吗？也就是评价其行动是否适当和有效。

应聘者的回答一般可分为三类：完整有效的 STAR 描述，面试官可以直接做出评判；只有部分的 STAR，比如应聘者只阐明了 STA、STR 或者 AR，这时面试官应该继续追问；模糊的 STAR，这种情况下应聘者的回答一般会含糊主观，多是空谈，这时面试官可以转到其他问题上。要知道，不具真实性的行为描述是没有任何评判价值的。

来源：张昊民，李倩倩. 管理沟通[M]. 上海：上海人民出版社，2015.

12.4 有效面谈

1. 有效面谈的障碍

面谈的障碍与沟通的障碍大部分重复，本节以面试为例，来阐述面谈中的障碍，主要有以 6 个下问题：

（1）不同意图。不同的面谈有不同的目的，而面试的目的就是要考察面试者的能力、工作态度、纪律性、诚实可靠性、工作经验等，了解应聘者的动机与期望、自我评价、应变能力等。

（2）偏见。偏见是由于主考官的主观意愿所引起，并不是所有企业的面试都是完全专业的，眼见为实在现在时代也不是完全正确的。且偏见几乎人皆有之，世界观不同的人，有着不同的爱憎情感和褒贬态度。面试过程中不免存在以貌取人、光晕效应和过于严格、过于放松等情况，从而造成面试者被影响。

（3）混淆事实与推断。面试中有些考官会混淆事实与推断，使面试题带有主观意愿，从而迷惑面试者，将一样东西误认为另一样东西，使面试者为难。

（4）非语言沟通。面试时注重非语言沟通，可以从中发现面试者的个性、能力等。

（5）第一印象。面试中的第一印象很重要，它会在对方的头脑中形成并占据着主导地位，面试时不注意仪表，会带给面试官不好的第一印象。

（6）面试官在组织中的地位。面试者面试的职位可能比面试官高或低，当面试地位高时，可能会对面试官怠慢，而给面试带来不良影响。

【经典案例】

一位企业的总经理登了一则广告，想要招聘一名助理。一时间应征者云集，最后他却挑中了一个毫无经验的年轻人。他的一位朋友问道："你为何选中他？他既没有介绍信，又没人推荐，而且毫无经验。"

"你错了，他带来许多介绍信。"总经理告诉他的朋友，"他在门口蹭掉脚下的灰，随手关上了门，说明他做事小心仔细；当看到那位前来应聘的残疾青年时，他立即起身让座，表明他心地善良、体贴别人；进了办公室他先脱去帽子，回答我提出的问题时干脆果断，证明他既懂礼貌又有教养。其他人都从我放在地板上的那本书上迈过去，他却拾起那本书并放回桌子上；和他交谈时，我发现他衣着整洁，头发整齐，指甲干净。难道你不认为这些细节是极好的介绍信吗？如果一个人连这些修养都不具备，那么有再多的经验又有什么意义？"

2. 促成有效面谈的七个问题

（1）面谈的目的是什么？

任何有计划的沟通活动，首先要清晰地确定沟通的目的。若要成功地进行某个面谈，或者使自己成为一个有效的沟通者，在每次面谈之前就应先问自己这样的问题：我为什么要与那个人谈？想要达到什么目的？是收集新的信息、劝说、提供建议还是对对方的业绩进行评估？除了明确面谈目的之外，还必须明确自己与面谈者应建立怎样的关系。这些问题解决了之后，才可能正确选择面谈的策略、时间、地点等要素。

面谈的目的往往是非常具体的，可能是为了争取某个职位，或听某人的抱怨，或对某人的错误进行批评，或对某人的进步表示肯定等。但无论何种目的，沟通的过程都可分为：阐明信息（信息输出）、传递信息（信息流动）、接收信息（信息输入）。

（2）面谈的最佳地点在哪？

面谈地点会对面谈的气氛和结果产生较大影响。如果在办公室或单位会议室进行面谈，创造的是一种正式的氛围。如果在一个中立的地点（如咖啡馆）进行面谈，气氛就会轻松些。

（3）开始面谈的最佳方法是什么？

① 良好的开头。

用一个好的开头相当于成功了一半，有效率的面谈必须有一个好的开场。好的开场要求在几分钟内与对方建立起互信关系，并迅速说明主题。开场的内容要根据面谈的性质而定，最好是开门见山直奔面谈主题，即简单说明面谈所面对的问题，解释如何发现该问题，请对方就该问题提供建议或协助，直接进入重点。但不管选择何种方式开场，最重要的是要态度诚恳。

② 注意彼此的"第一印象"。

美国心理学家洛钦斯研究发现，第一印象会在两人初次相见的 45 秒内产生，相当于两人交往的"第一语言"，主要包括对方的年龄、性别、身材、长相和穿衣打扮等方面。人们往往通过这些外在的特征来判断对方的内在修养和个性特点。

当然第一印象不止看外在的特征，同时也很注重内在修养。比如个人的谈吐，最简单的就是给对方的称呼和与对方打招呼的方式等。再比如个人的气质和风度，气质可能是由环境和习惯培养而来，而风度是个人修养最基本的体现。

（4）最佳的提问策略是什么？

首先，面谈提问可以分为三种类型，即结构化提问、非结构化提问和半结构化提问。结构化面试是根据所制定的评价指标，运用特定的问题、评价方法和评价标准，严格遵循特定程序，通过测评人员与应聘者面对面的语言交流，对应聘者进行评价的标准化过程。相应的，非结构化提问和半结构化提问对应着不同的提问标准化程度。一般情况下，提问过程标准化程度提高会使得面试更加严肃正规，但也会降低其灵活性，综合普遍经验而言，半结构化提问更具有实用性，也更适合大多数的面试环境。

其次，作为面试官，在提问时还要注意避免直接提问的方式，而更适宜选择旁敲侧击的提问，例如避免直接对面试者提问"你有什么能力""你认为自己的能力对你竞争的职位有什么益处"此类的问题，而应该旁敲侧击地从被面试者的工作经历等方面发起提问。

（5）问题的最佳顺序是什么？

面谈提问的顺序可分为两种：漏斗式和反漏斗式（见 12.3 节）。就面试而言，最佳的提问顺序则应从个人出发，过渡至公司和所求职位。

第一个问题应该关注被面试者的个人能力、工作经历和能力特长，在对求职者本身有所了解后就可以衡量其个人素质是否符合其所求职位。

第二个问题可以着眼于求职者选择本公司某职位的原因，检测其对公司的了解和对自身工作的认知。

第三个问题可以问被面试者在这个工作岗位上可以承受的压力或是可以挑战的极限在哪里，明确面试者对工作强度的承受力，再与实际情况相对比，初步了解其心理素质。

最后一个问题是对求职者的"定价"，在这个部分面试官可以了解到求职者所期待的薪资条件并与之做出协商。例如，可以借由"这份工作的前期工资可能会比较低你能接受吗"来对被面试者的理想薪酬进行试探，有助于节省人事方面的支出。

（6）问题的最佳类型？

是运用开放式问题还是闭合式问题？

运用封闭式问题的目的是控制话题的方向。在面谈中，一开始不宜直接提问主题的详细内容，要问一些简单的封闭式问题来打开话匣子，并且了解对方的基本情况，例如:"你现在从事什么工作?""你为什么想换一个新的工作岗位?"

而运用开放式问题的目的是让自己或对方表达出更为全面的信息:说明得更清楚,论述得更翔实。开放式问题最大的益处在于:受访者可能会回答我们不曾设想过的动机,或从未提到过的行为和关注点。另外,可以在使用开放式问题提问的过程中,使用闭合性问题确认对方的观点,并引导对方进行更深一步的思考。

（7）结束面谈的最佳方法是什么?

在面谈结束时,可以依靠总结主要信息、安排跟进活动、表达良好祝愿等方式来进行结尾。例如,在面谈结束时总结一下双方本次面谈所达成的共识,可以更加突出本次面谈的结果,加深印象;如果面谈相对正式,还可以以握手来结束面谈,表示己方对这次面谈的重视。另外,可以对面谈对象表示感谢,抒发自身对于未来合作的企盼和祝愿。如在面试结束时,可以用一句"面试就到这里,请你×天后等待我们的通知"来明确而官方地结束这一次面试。

12.5 面试的常见问题及应对技巧

1. 自我介绍

在回答问题时一定要注意,姓名、年龄等信息在简历上都有,不需要再次重复,面试官想要听到的是最强的技能,最深入研究的知识领域,做过的最成功的事……这些可以体现出面试者是否具备进入该企业的个性和能力的要素,这些是简历中无法体现出来的。另外,面试官喜欢有礼貌的求职者。

2. 读书时期最反感的课程及原因

对这个问题的回答应避免直接回答某项具体课程,这样容易给面试官造成面试者将来会对完成相关方面的工作没有兴趣和动力的印象。因此在回答时要突出:虽然对某个科目不感兴趣,但因此才会花更多时间精力去学习,最后不再厌烦。而对原本感兴趣的科目会同样认真学习,这样面试官会认为面试者各方面都很平衡,同时对任何事情都有兴趣。

3. 自己的优缺点

切忌直接说自己的缺点,例如小心眼、懒、脾气大等,这样会给面试官一个非常差的印象。要巧妙地回答,着重讲自己的优点,其中穿插一些小缺点,突出自己最明显的优点,这样可以给面试官展示一个良好的积极向上的形象。

4. 在学校是否属于好学生

这个问题可以体现出面试者的很多情况,面试者可以根据自己的情况有侧重地回答。如果学习成绩好,就要侧重突出各科成绩优异,同时结合多元化考虑,展示出在思想、实践、团队精神等方面也有良好表现,是一个全面发展的好学生;如果成绩不理想,就需要侧重突出社会实践经历,展现自己的团队合作精神。

5. 家庭环境

这个问题并不是要询问求职者的隐私，企业对此也不感兴趣，他们想知道的是家庭对其的影响。他们相信一个和睦的家庭对一个人的成长有着潜移默化的积极作用，更有益于成功。所以他们喜欢听到家庭对求职者性格和形象积极的影响作用。

6. 对行业的看法

有备而来的求职者往往会被赏识录用，企业希望自己的员工都是"知己"而不是该行业的"盲人"。因而在面试前，求职者可以在网络上查找行业部门的相关信息，深入了解后形成对该企业产生独特的见解。同时还可以了解求职企业的信息，包括各个部门发展情况前景的信息。

7. 欠缺的东西

企业喜欢探索求职者的缺点，但他们又不喜欢直接听到求职者说出来。正确回答这个问题的方法是应该继续强调自己的优势，例如"缺乏工作经验"等问题可以在自己优秀的学习能力和适应能力下很快得到解决。扬长避短，向面试官展示最优秀的自己。

8. 期望薪金

企业对工资水平的制定一般比较灵活，他们喜欢直率真诚的人，但是千万不能一口咬定固定的薪资情况。最好可以给企业一个定薪的自由度，可以回答由于对职业的描述不是很具体明白，希望延后讨论。事实上，许多大型公司往往都是在面试结束之后，根据面试者的表现来设计薪资方案。而此时，不论对于企业还是求职者来说，都对彼此有了更深入的了解，也更容易在薪资上达成共识。

9. 可以给公司带来什么

在这个问题上，求职者可以再次重复自己的优势，在自己突出的特长优势能力基础上，结合实际的岗位进行回答，如良好的组织能力可以为公司带来高效率的工作，出色的营销能力利于开发拓展公司客户等。

10. 提出问题

最后面试结束的环节，看似可有可无，但其实企业希望求职者可以提出问题而不是以没有问题草草结束。提出一些创新和积极向上的问题，例如培训机会和晋升机会，可以向企业体现出求职者对学习的积极态度和上进心。

综上来看，大多数企业在面试时会综合考察求职者的各种能力。但是直率、诚实是每位求职者所必需的品质。企业往往反感那些为了进入企业而撒谎，给自己披上一层虚假的美丽外衣的求职者。同时，求职者要合理巧妙地回答企业的问题，强调自己的优点能力，也要兼顾改善自己的短板，向企业表明自己可以学习并改进，在未来的工作中给大家一个更好的员工形象。

最后，做好了面试前的万全准备，对待面试的态度也同样重要，求职者在面试时有一个正常的良好的心态有助于更好地展示自我。

【总结与回顾】

面试与面谈属于正式场合的沟通方式，有别于平时的见面聊天。面谈有很强的目的性，而且对象一般是陌生人，要想达到面谈的目的，就要做好充足的准备。本章介绍了面谈的 6 个步骤，也给出了面试中常见的问题及应对技巧。

【学习训练营】

一家公司以角色扮演的方式，对前来复试的三个营销人员进行测试，并从中录取一人。主考官拿来一瓶水告诉他们："一个营销人员，最重要的是以敏锐的眼光，发现客户对你推销产品的潜在需求，然后，想方设法满足它。不论用什么方式，一定要把这瓶水卖出去。现在，假如我就是那位客户，你们怎么推销呢？"

第一个营销员，拿着那瓶水走了过去，说道："先生您好，通过刚才跟您交谈，让我学到了很多东西，您滔滔不绝的口才，更是让我钦佩有加，你讲了这么多话，现在口渴了吧？要不要来瓶水？"主考官失望地摇了摇头。

第二个营销员点头哈腰地走过去，低三下四地哀求道："先生您是一位仁慈的人，我家里上有老，下有小，都等着我去养，可我到现在还没有找到一份正式工作，您能不能发发慈悲，可怜可怜我，买下这瓶水？"主考官依然面无表情地摇了摇了头。

轮到第三个营销员，只见他一步跨过去，从口袋里摸出一个打火机，然后一把扯住主考官的领带，"啪"的一下点着了，问道："先生，您需要这瓶水吗？""你这个混蛋，你要干什么？我当然要了。"主考官惊魂未定地抢过水，浇灭了领带上的火。结果，第三个小伙子被录用了。

思考

1. 为什么第三个营销员会被录用？
2. 被录用的营销员掌握了面试的哪些技巧？

现在大家都知道面试在一个人求职的过程中起着很重要的作用，你的言谈举止、衣着、手势，甚至面部表情都会影响到别人对你的看法。下面是一些有关面试需要注意的问题，请你进行回答，看看你的观点是否正确。

1. 面试时你会选择什么样的衣服？
   A. 朴素典雅的　　　　　　　　B. 自己喜欢的

2. 对于发型，你将会怎样处理？
   A. 略加修饰保持整齐　　　　　B. 精心修饰和梳理

3. 当主试讲话的时候，你会怎样做？
   A. 认真倾听　　　　　　　　　B. 自我思考

4. 坐在椅子上时，你的姿势是怎样？
   A. 稍微前倾　　　　　　　　　B. 挺直

5. 当你讲话时，语调通常会是怎样？
   A. 柔和简洁　　　　　　　　　B. 大声响亮

6. 在面试的时候，你脸上的表情如何？
   A. 微微地笑　　　　　　　　　B. 一丝不苟

7. 当主试讲话的时候，你的目光是怎样的？
   A. 专心致志　　　　　　　　　B. 心神不定

8. 如果主试心不在焉，你会怎么办？
   A. 请他另外安排一次见面　　　B. 询问他是否有什么事

9. 如果主试不提你的工作条件和兴趣时，你会怎么办？
   A. 主动提起这些话题　　　　　B. 以后找机会再谈

10. 如果你对主试的话不是很理解，这时你怎么做？
    A. 问到明白为止　　　　　　　B. 含糊过去，免得节外生枝

11. 在出席隆重的场合时，你会穿怎样的衣服？
    A. 比较正式的服装　　　　　　B. 休闲舒适的服装

12. 如果你和主试握手时，你会怎么做？
    A. 坚定有力地握手　　　　　　B. 稍微握一下

13. 主试一边讲话一边看你时，你会怎样反应？
    A. 点头示意　　　　　　　　　B. 看着他的目光

14. 在谈话中，如果使用手势，你认为怎样是恰当的？
    A. 简单而有力　　　　　　　　B. 用力且持久

15. 主试讲话时，你已经猜到他下面要说什么，这时你怎样？
    A. 听他把话讲完　　　　　　　B. 插入自己的话

16. 如果主试错误地理解了你的话，你会怎样进行纠正？
    A. "我想再解释一下"　　　　　B. "我不是那个意思"

17. 在面试时，你迟到了，你会怎么办？

A. 向主试表示歉意，并请他原谅　　B. 说出自己迟到的理由

18. 如果主试迟到了，而且只能跟你谈几分钟，你该怎么办？

　　A. 视情况决定是否进行另外一次面试

　　B. 维护自己的权利并表示不满

19. 当原定的主试不能前来，由他人替代时，你会怎么办？

　　A. 照样面谈　　　　　　　　B. 不参加面试，等待原来的主试

20. 主试向你谈起个人隐私的问题时，你将如何去做？

　　A. 把谈话导入正轨　　　　　B. 当一个善解人意的听众

21. 在谈话时，主试向你表达他的赞美，你会怎么做？

　　A. 说声"谢谢"　　　　　　　B. 向他展示自己的能力高强

22. 如果主试在谈话时滔滔不绝，不容你插话，你怎么办？

　　A. 在适当时插入与自己有关的问题和信息

　　B. 礼貌地告诉他你愿意谈谈自己的想法

23. 在面试中，你觉得主试不明白工作的要求，也不能正确的评价你的水平，怎么办呢？

　　A. 说一些他所能理解的条件以便留下好印象

　　B. 要求其他的人再进行面试

24. 当参加使用录像带的面试时，你应当穿什么颜色的衣服？

　　A. 深色西服或衬衣　　　　　B. 干净朴素的白色

25. 在面试中，当主试问你最大的优点是什么？

　　A. 融入团队　　　　　　　　B. 勤奋工作

26. 在面试中，当主试问你最大的缺点是什么？

　　A. 过于要求完美　　　　　　B. 沟通能力较差

27. 当要求你作自我介绍时，你会先谈什么？

　　A. 谈谈对该行业的看法　　　B. 简要陈述经历

28. 在面试中，当主试问你希望得到多少薪金？

　　A. 询问该公司为此职位设定的薪金范围

　　B. 根据自己对该职位的了解估计出薪金

29. 你认为用人单位更看重的是什么？

　　A. 学习成绩　　　　　　　　B. 社会实践

30. 在面试中，当主试问你，如果成为一个管理者，你的指导风格是怎样的，是集权型还是放权型？

　　A. 根据公司眼下的任务而定

　　B. 诚恳地根据自己的管理风格而定

31. 在面试中，当主试问你为什么选择现在的专业？

　　A. 因为它能为我今后的职业发展奠定基础

　　B. 坦诚地承认这个专业现在很热门

32. 在面试中，当主试问你，如果下属的工作结果令你无法接受时，你将如何对

待他们?

      A. 在必要时候采取强硬行动,如解雇

      B. 始终通过友好的方式与下属沟通并促使其改进

33. 在面试中,当主试问到这样的问题:按照 1 到 10 的等级(10 级表示对公司的录用决定感到非常兴奋,1 级表示没有兴趣),你认为你处于哪个等级,你的回答是什么?

      A. 10 级   B. 8 级

34. 在面试中,当主试问到这样的问题:如果你必须在两个因素中做出选择,那么你认为哪个因素在你决定接受聘用邀请时起着最重要的作用?

      A. 公司   B. 应聘的这个职位

35. 面试时你会带什么东西?

      A. 尽量少带东西   B. 随时带着公文包

36. 面试前如果有机会的话,你会不会向面试人询问面试时间的长短?

      A. 会   B. 不会

37. 当回答完面试官的问题后,是否需要再加上一句"您认为呢?"

      A. 不需要   B. 需要

38. 在回答面试官的问题时,是否需要加上礼貌性的词语,如"我认为"等?

      A. 不需要   B. 需要

39. 在面试中,主试问你在业余时间通常喜欢做什么,应怎样回答?

      A. 详细谈自己的一两个爱好

      B. 简单谈谈自己在各方面的广泛爱好

40. 当面试官为了调节气氛,给你讲了一个笑话,你是否也应该相应地附和着并且也讲一个笑话?

      A. 不应该   B. 应该

得分与解释

评分标准:A—1 分,B—0 分。

结果评价:得分为 0～10 分,你的面试技巧有待提高,建议你向职业指导人员求助;

得分为 11～20 分,你的面试技巧一般,建议你多参考职业指导丛书,提高自己的面试技能;

得分为 21～30 分,你的面试技巧已经较好,可以大胆接受公司的面试挑战了;

得分为 31～40 分,恭喜你的面试技巧已经炉火纯青,一般的面试都应该难不倒你。

【笔记栏】

第十三章

对上沟通

案例导入

沃尔玛公司促进上下沟通

沃尔玛公司的股东大会是美国最大的股东大会，每次大会公司都尽可能让更多的商店经理和员工参加，让他们看到公司全貌，做到心中有数。萨姆·沃尔顿在每次股东大会结束后，都会和妻子邀请所有出席会议的员工约2500人举办野餐会，在野餐会上与众多员工聊天，大家一起畅所欲言，讨论公司的现在和未来。为保持整个组织信息渠道的通畅，他们还与各工作团队成员全面收集员工的想法和意见，通常还带领所有人参加"沃尔玛公司联欢会"等。

萨姆·沃尔顿认为让员工们了解公司业务进展情况，与员工共享信息，是让员工最大限度地干好其本职工作的重要途径，是与员工沟通和联络感情的核心。而沃尔玛也正是用共享信息和分担责任的方式，满足了员工的沟通与交流需求，达到了自己的目的：使员工产生责任感和参与感，意识到自己的工作在公司的重要性，感觉自己得到了公司的尊重和信任，从而积极主动地努力争取更好的成绩。

13.1 对上沟通的基本思路

对上沟通是组织中的一种沟通方式。组织是具有层级结构的，在这样一个基础上，作为下属在和上级沟通时，要弄清自己的位置、争取领导的赏识、学会和上级相处。

1. 弄清自己的位置

弄清自己位置就是要让知道：第一，你是谁？第二，你的现状怎样？这个现状主要是指竞争环境。第三，你想要获得什么样的发展？为了更加了解自己、明白自己是谁，常做的一个工作应该是梳理自己的现状，了解自己优势和劣势，并确立自己的目标。达成目标的路径可能不同，但目标必须是一致和确定的，这就叫弄清自己的位置。

2. 争取上级的赏识

千里马常有，而伯乐不常有。缺少上级的赏识，工作能力便很难发挥到实处。所以应该积极地向上级展示，让他知道自己的能力，这样才能赢得机会去运用能力。争取上级的赏识一定要主动，要时不时向上级汇报思想与工作。

【经典案例】

小王是合资公司白领，常觉得自己有满腔抱负却没有得到上司的赏识。他经常想：如果有一天见到老板，有机会展示自己的才干就好了。小王的同事小张刚来公司不久，他没有想把心思放到特意展示自己上，而是兢兢业业做好自己的工作。他有一个神奇的笔记本：笔记本的正页都是工作日志，记录着当天的工作、要求、待办事项；日记本的反页都写着小张的工作复盘，包括哪些同事的工作值得借鉴、哪些地方需要注意、哪些细节没有做到位受到了批评以及还有哪些收获和感悟。半年下来，小张快速适应环境，工作逐渐得到上司的赏识，大家都评价小张进步非常快，能适应公司的快速发展，而小王还在原地期望能找的机会去"展示"自己。

3. 学会和领导相处

学会和上级相处，绝对不是一味地服从，而是要根据"你是谁""你想往哪个方面发展"以及上级的沟通和管理风格，来建立一种方式跟他和睦相处的方式。面对不同的上级，应恰当地选择相处方式，学会调整自己，与上级正确地沟通。

4. 选择恰当的时机和方式

懂得选择恰当的时机和方式，也是学会与上级相处的一种体现。想要达到沟通的目的，把握说话的时机与方式是非常必要的。只有找对了沟通的时机和方式，才能最大程度上保证沟通的质量。如果不分场合、不分时间地点想说就说，那往往只是浪费时间，甚至可能起到负面作用。

【经典案例】

某企业年会上，总经理信心百倍地展望来年的销售前景，由于不了解具体销售工作，因而为下一年定下了无法实现的销售额指标。销售部经理非常清楚总经理定的指标脱离了现实。但是，在大庭广众之下，销售部经理并没有指出总经理的失误，而是配合总经理的设想讲了一些鼓舞士气的话："总经理为我们提了更高的目标，提了更高的要求，我们将全力以赴，不辜负总经理的期望，努力把工作做好。"散会后，销售部经理跟随总经理来到总经理办公室，私下里对总经理说："刚才您讲的销售额目标不是不可能实现，只是一些配套的措施还需要适当加强，比如销售人员数量较少，技术还有待提升，是不是来年招一些销售人员，并为新来的销售人员进行专业培训？这样，销售目标才可能实现。"总经理欣然接受了销售部经理的建议。

5. 充分为领导考虑

社会工作当中，要学会灵活地处理问题以及与上级交流沟通，在工作环境中把工作做得更加圆满、妥当。比如，和上级提意见建议的时候，可以先赞同他的话，如果马上就反驳，那就很难有继续对话、提建议的机会了。

13.2 关于对上沟通的建议

1. 确认上级的话并做好记录

与上级谈话之前，随身带好本子和笔，把上级确认后的要点记在笔记本上，包括具体任务、时间以及工作注意事项。

2. 尊重上级的面子和立场，不要当众让他难堪

上级难免也会有犯错的时候，无论如何，从为上级考虑的角度来说，都不宜当面直接指出来。在这种情况下，应当灵活地处理，比如私下跟上级交流。

3. 保持谦虚，避免恃才放旷

即使自己的功劳再高，也不能倚才自恃，喧宾夺主。作为下级，要清楚自己的定位，真诚接受上级赞赏的同时不能恃宠而骄，更不能目中无人、先斩后奏，避免破坏向上沟通的环境。

4. 切忌越级报告

领导都希望自己能全面及时地了解下属各方面的动向，越级报告意味着同现在上级的沟通和管理失效，代表着他直接对这件事失去掌控力，这会给上级一种是"员工没把领导看在眼里"的感觉。

5. 和新上级沟通时，要避免提及以前的上级怎么做

新上级可能有不同的工作方式，要以不同的方式沟通，要尽快适应上级，调整自己来与上级相协调。切忌提及以前的上级怎么做，这样会使得上级以为在拿他与以前的上级做比较。

6. 提出问题的同时要提供解决方案

上级并不想过多地关注问题本身，他们关心的是怎么解决问题。所以提出问题之前，我们需要深入分析问题，带着一份解决方案去向领导提问题，这才是提问题的正确方式。在很多时候，解决问题不止一种方案，这时候我们需要提出几个解决方案，并分别说明优缺点，再由领导最后做选择。这不仅节省了领导的时间，也会在上级心中留下负责任、能力强的良好印象。

当对于决策有把握的时候，可以适当地表现自己。给上级提建议时，可以更加坚定、有底气一些，这样不仅使自己显得自信，更可以让上级觉得自己对工作有见解、有独立性，能够胜任这份工作。

7. 提出观点或建议时，不妨简明扼要

说话一定要简明扼要，不要拖泥带水。

8. 提供重大消息，最好有书面资料或支持性的证据

在战争中，一条关键性的情报将影响双方的胜负；在工作中，一条关键性的消息会影响上级的决策，进而影响公司的盈亏。当我们准备向上级提供重大消息时，必须要将支撑性的材料拿出来，验证信息的虚实。

9. 双方意见相左时，先认同上级，再表达自己的意见，请教领导

我们与上级看待问题的视角不同，分析问题得出的结论也可能不一样。这时，我们不能立刻判断结论的对与错。首先不宜顶撞上级，可以先认同上级的意见，再提出自己的判断，请教上级，这样才能共享双方的知识和情报，正确地处理问题。

10. 问题紧急时，赶快敲定时间和老板商讨对策

所谓"兵贵神速"，我们遇到紧急问题却不能做出判断之时，必须要赶快找到上级，力求做事快而准。否则问题会越来越严重。

11. 切忌报喜不报忧

有不利消息，也应及时报告，让上级知晓问题并解决问题，切忌只报喜而不报忧。

12. 随时让老板了解工作状况

随时让上级了解我们的工作进展，让他放心。

13.3　上级的看法

上级是怎么看我的？这个问题的答案非常重要。如何让上级觉得我是一个能干的下属？我们要做的事情就是通过各种各样的方式让他看到我们的工作态度和工作进度。

1. 主动汇报工作进度

上级心中通常都有个疑问：自己的下属究竟在忙些什么。下属好像每天都很忙，但是作为上级，经常过问下属的工作反而会消磨信任。因此作为下属要明白主动向上级汇报自己的工作进度，让上级心中有数，而不要等到工作做完了再向上级汇报。有时候工作中一个小小的疏忽，发展到最后就可能会演变成大错误，所以越早向上级汇报自己的工作进度，他就可以越早纠正错误和纰漏，避免发展成不可收拾的局面。同时主动汇报会让上级认为这是一个对工作积极且上心的下属。

2. 对领导询问有问必答，而且清楚，让上级放心

如果上级询问工作进度或工作成果，一定要有问必答，而且要回答得清清楚楚，明明白白，体现出认真的工作态度和优秀的工作能力。如果回答得含含糊糊，不清不楚，上级则会对下属的工作能力抱怀疑态度，从而不会加以重用。

A 区某乡党委书记王书记在乡里面做了一个银杏园项目。一次 C 市市委书记到乡里来视察。

市委书记看见一家农民的院子，驻足问道："现在这个乡还有多少驻守人口？"问到这个问题，陪同的领导都不能回答。王书记则回答道："436 户，书记。"王书记还将其中包括的男女老少的人数悉数说来。领导听罢直接将他叫到身边，请他介绍。一路上王书记说到他们花多少钱种一株银杏树，一共种了多少株，这座山的海拔，436户人家是什么样的情况，他们现在做了多少个农家乐，等等，将乡里的情况一一道来，受到了书记一行的高度赞扬。这就是对领导的询问有问必答，而且清楚。

3. 学习职场语言，提升职场素养

当领导结束话题时，请在场的职员发言，这个时候应该说：

（1）既然领导让我们发言，那我就抛砖引玉……

（2）领导的话让我深受启发，我有这样的感觉……

4. 接受批评，不犯两次同样的过错

"经营之神"王永庆说："检讨才是成功之母，失败了不检讨，会继续犯错误。"闻名世界的美国石油大亨保罗·盖迪曾经这样说过："犯错本身并不可耻，但是，被同一块石头绊倒两次，是莫大的耻辱。"当我们犯第一次错误的时候，领导可能还会原谅，觉得这是偶然，但是再次犯同样的错误，领导会失去信心，很难再将重要的工作交给由我们负责。

用心去思考为什么这块石头会绊倒我们，用心去体会摔倒时候的痛，用心去考虑如何避免另一块石头设置的障碍，才是真正应该要做的事情，才能避免再次被绊倒。

5. 不忙的时候主动帮助他人

当旁边的人做得不太好，并且自己不是太忙的时候，应该伸出手帮别人一把。这样做，领导会认为我们有团队精神，工作中很少见到一个人单打独斗就可以将工作完成得很出色，很多工作都是靠一个团队去完成的。团队成员之间合作密切，工作才能顺利完成。

6. 不要擅自对上级的安排讨价还价

听从上级安排是上下级开展工作、保持正常工作关系的基础，是融洽相处的一种默契，也是老板观察和评价下属的一个尺度。作为一名下属应该遵从执行上级的决定，既不能事先加以肯定或指责，也不要事后轻易加以抱怨或轻视上司的决定，更不能不去执行命令。商场如战场，一个企业里，上司做出的决议如果下属不能坚决执行，这个企业一定不会长久，会因缺少执行力和缺少战斗力而土崩瓦解。

7. 对自己的业务，主动提出改善计划 ——让上级进步！

工作汇报是对上沟通的主要桥梁，在和领导交流业务情况时，如果你能主动提出合适的改善计划，就很有可能给对方留下一个不错的印象。做到这一点，你在汇报工作时不仅仅是在与上级交流情况，而且也在帮助领导进步，无疑能提高你在上级心中的位置，从而让你日常的对上沟通更为高效。

【沟通小贴士】向上级请示汇报的程序

1. 仔细聆听上级命令
明确命令的时间、地点、执行者、为什么、做什么、怎么做、做多少。
2. 与上级探讨目标的可行性
对于可能出现的困难要有充分的认识，提出初步的解决方案。
3. 制定计划目标
白纸黑字，明确的时间表。
4. 工作过程中随时汇报
实时让领导知道工作情况和工作进度。
5. 工作完成之后还要及时地去总结
总结成功的经验和其中的不足之处，以便于在下一次的工作中改进提高。

13.4　与各种性格的上级的沟通技巧

现实中大致三种类型的领导：控制型、互动型和实事求是型。不同类型的领导性格特征也不同（见表 13-1）。与不同类型的领导相处，要学会使用不同的沟通技巧。

控制型的领导一般要求下属立刻服从，对琐事不感兴趣。因此，在与控制型领导沟通时要做到简明扼要、干脆利索、不拖泥带水。并且在沟通时要尊重他们的权威，称赞他们时要称赞他们的成就。

互动型的领导喜欢与他人交流沟通，享受他人的赞美。所以，与互动型的领导相处，若要赞美需要真心实意发自内心，否则可能被认为是阿谀奉承而影响对个人能力的整体看法。沟通的同时也要注意肢体语言的表达是否得体，有意见要开诚布公地谈而不是私下里发泄不满。

实事求是型的领导讲究逻辑不喜欢感情用事，喜欢弄清事件的来龙去脉。与这一类领导沟通时，可以直入主题，对于领导提出的问题也直接作答。在汇报工作的时候，在一些关键性的细节多做一些说明。

通过以上内容我们可以看出，使用不同的沟通技巧主要是因为关系不同、理解的角度不同、所处的位置不同，最重要的是目的不同。因为目标不一样，可能做出来的行为就不一样。

表 13-1　不同类型领导的性格特征

领导性格类型	性格特征
控制型	·强硬的态度 ·充满竞争心态 ·要求下属立即服从 ·实际，果决，旨在求胜 ·对琐事不感兴趣
互动型	·善于交际，喜欢与他人互动交流 ·喜欢享受他人对他们的赞美 ·凡事喜欢参与
实事求是型	·讲究逻辑而不喜欢感情用事 ·为人处事自有一套标准 ·喜欢弄清楚事情的来龙去脉 ·理性思考而缺乏想象力 ·是方法论的最佳实践者

【沟通小贴士】

说服上级的技巧：

（1）选择恰当的提议时机。

（2）要利用有说服力的手段（资料、数据等）。

（3）设想上级质疑，事先准备答案。

（4）说话简明扼要，重点突出。

（5）面带微笑，充满自信。

（6）尊敬上级，勿伤上级自尊。

争取让上级对我们有一个好的印象：

① 主动向上级汇报工作进度 ——让上级知道！

② 对上级的询问，有问必答，而且清楚 ——让上级放心！

③ 充实自己，努力学习，才能了解上级的言语 ——让上级轻松！

④ 接受批评，不犯两次过错 ——让上级省事！

⑤ 不忙的时候，主动帮助他人 ——让上级有效！

⑥ 不要擅自对上级的安排讨价还价 ——让上级圆满！

⑦ 对自己的业务，主动提出改善计划 ——让上级进步！

聆听上级的命令：弄清楚该命令的时间（when）、地点（where）、执行者（who）、为了什么目的（why）、需要做什么工作（what）、怎么样去做（how）、需要多少工作量（how many）。

【学习训练营】

　　小马在一次演讲中安排了一个细节，在舞台上画好了一排脚印，总经理上台时只要沿着脚印就可以准确无误地走到台前离观众更近、显得更亲切的某个位置。发布会结束后总经理问这是谁的想法，小马说这是他的主意，因为之前他曾多次在加利福尼亚州看过老布什参加总统竞选的演讲，他的随行都是按照这种方式对演讲进行非常细致的安排。总经理听后说："这种方式的确很好，定好位置可以达到效果。你这件事做得很专业。"这次发布会，小马给总经理留下了极深的印象。

　　在完成一次项目后，小马非常兴奋，他带着一鸣惊人的念头，给总经理写了一封电子邮件。总经理给小马回了一封短信。他说："我没有时间看你的具体的东西，我建议你和你的直接领导沟通一下。如果能证明这是一个很好的想法，我相信你的主管会很感兴趣。"

思考

1. 小马在对上沟通过程中犯了什么错误？

2. 总经理的回复展现了什么技巧？

1. 如果你是一个公司的领导，你会采取什么具体措施促进员工自开言路？

2. 进了企业之后，除了努力工作外，如何能更快得到领导赏识？

3. 遇到困难找领导会被认为是能力不足吗？

4. 如何在主动汇报的时候做到张弛有度，既能汇报清楚，又不会招人烦？

5. 作为一个基层员工，上级领导不喜欢表达想法，那么具体应该怎样自开言路？

6. 如果向领导反映自己的想法时次次碰壁怎么办？

7. 在提出自己的看法和见解时，如何做到简明扼要？

8. 如果领导在开会，但是有一个非常重要的事情需要领导来处理，作为下属，我们应该打断会议吗？

9. 作为领导，如果在分配任务的时候大家都不愿意承担更多的责任，不愿毛遂自荐，该怎样调动大家的积极性？

10. 案例分析

A 主管：关于在 A 地区设立灌装分厂的方案，我们已经详细论证了它的可行性，大概 3～5 年就可以收回成本，然后就可以盈利了。请董事长一定要考虑我们的方案。

B 主管：关于在 A 地区设立灌装分场的方案，我们已经会同财务、销售、后勤部门详细论证了它的可行性。根据财务评价报告显示，该方案在投资后的第 28 个月财务净现金流由负值转为正值，这预示着该项投资将从第三年开始盈利，经测算，该方案的投资回收期是 6～7 年。从社会经济评价报告上显示，该方案还可以拉动与我们相关的下游产业的发展。这有可能为我们将来的企业前向、后向一体化方案提供有益的借鉴。与该方案有关的可行性分析报告我已经带来了，请董事长审阅。

思考

哪个主管的汇报更好？为什么？

【笔记栏】

第十四章

对下沟通

案例导入

"百用软件"作为一家新创科技企业，员工构成中有 90% 都是"90 后"。"90 后"员工普遍具有视野开阔、创新意识强的优点，但是 CEO 陈总也深知他们的职业忠诚度较低，缺乏主动奉献的精神，自尊心强，而且较为反感传统的权威式的领导方式。

于是陈总通过 OKR（目标与关键结果）工具来激励员工，即 CEO 带头制定目标，每一个员工都提出自己的工作目标和计划，并每隔一段时间回顾和复盘任务目标，以此来提升"90 后"员工的"主人翁"意识。OKR 的实施和修正需要公司上下级之间频繁地互动，上级可以由此了解下级的能力和极限。陈总也经常这样激励员工："我需要你在工作成绩上提升 50%。你可能在短期内就会觉得'天啊，如果要达到那个目标，那我必须要解决最根本的问题了'，又或者你可能会认为'我可能需要摒弃过去的工作思路，从零开始重新思考这个问题'。最终你可能只能做到 50% 的 70%，即 35%，但是你走出了舒适圈，实现了成长。目标制定高一点，你对待工作的态度就会更加认真，从而会进一步激发你的创造力和执行力，真正地实现某个目标。"

14.1　对下沟通的含义

在组织中，管理者进行对下沟通是为了让下属知道自己的意图，告知下属解决问题的方法、今后的工作方向等，高效的向下沟通可以给予下属适当的压力，积极地影响下属的情绪，给他们激励、鼓舞和安慰。

【经典案例】

通用电气前 CEO 杰克·韦尔奇被誉为"20 世纪最伟大的企业家"，他在任的 20 年间，通用电气完成了真正的"此消彼长"，总产值从 130 亿增长至 1100 亿，而员工人数则从 33 万减到了 27 万。他在管理与沟通中有非常多经典的案例，其中最经典的就是便利贴案例。杰克·韦尔奇每天早上都会提前半个小时到达办公室把要安排的事写在便利贴上，然后到高级副总裁区，把便利贴贴在对应副总裁办公室的门上，第二天照常进行，只是在看到各位副总裁时会问"See that?""And then?""Rush back!""Good boy/girl!"，可谓惜字如金。

在组织中，对下沟通的形式有三种：下达命令、督促检查和奖惩评价。杰克·韦尔奇的便利贴案例中体现了以下三个对下的沟通的原则：

（1）他把要布置的任务写在便利贴上，反映出下达指令时要白纸黑字；

（2）他向下属问"See that""And then"，体现出督促检查的及时进行；

（3）他在下属表现好时立刻表扬，表现得不好立刻批评，体现出奖惩分明。

14.2　下达命令

1. 下达命令的原则

（1）基于对员工的了解来下达命令。

管理者在与员工沟通的过程中，要充分了解下级的需求、情感、价值观以及个人生活方面的问题，并通过一定的方式满足员工的需求，以达到鼓舞和激励员工的效果。沟通本身就是一种激励手段，要让员工在沟通过程中体会到备受尊重，满足其社交、被尊重和自我实现的需求。

【经典案例】

陈部长是某企业技术部门的部长，部门里有一位 30 多岁技术能力非常强的男员工，但工作表现时好时坏。陈部长用以后让其当副部长来激励他，可是该员工却直接表示自己没有兴趣。陈部长后来经过了解得知，他的女儿患有先天性心脏病，而他的绩效也随他女儿身体状况变化而起伏不定。

在这个案例中，员工工作表现为非正常状态，工作表现的曲线为一个波浪形曲线，其女儿身体状况的好坏作为一个干扰变量出现。作为上司，关心职工的需求，才会有与其打交道的敲门砖。而这位陈部长，不应该以职位来激励该员工，而应该尽力从员工的生活和家庭背景去了解他。可以通过调整他的工作时间，在他女儿身体状况良好的时候安排工作、培养他，这才是正确高效的决策。

（2）主动与员工沟通。

组织的上层管理者首先是公司各种政策、信息的发送者。其次，无论组织沟通网络怎样建立，管理者都是重要的沟通中枢，要对各种下行信息、反馈信息进行着加工、处理和再传送。在一个组织中，上下级之间的垂直沟通很重要但又易受阻碍和干扰。因此，管理者要从自己管理的组织中获得有效的信息，正确地整理和反馈信息，主动放下架子去和下级分享信息并主动接近下级。

（3）让员工参与到决策中。

企业的发展，少不了每个员工的参与。而在现实情况中，上级向下级下达命令往往是单向的、强制性的，员工在无条件执行任务时，常感觉不到参与感，从而失去工作热情。因此，管理者应在决策前多征询下级的意见，让他们有机会表达看法、想法，提高工作参与度。

（4）正确激励员工。

传达命令和意见时，不要忘记激励因素。下达命令的目的，并非只是传达，而是借此使员工产生接受挑战的兴趣与意愿。同时，需向员工说明工作的重要性、对整个组织的贡献程度以及对其自身成长和发展的益处等。另外，为使员工本身能有效利用其自主性及创造力，领导者除提供可充分发挥能力的条件外，还需要保持鼓励、信赖员工的基本心态。

2. 下达命令的技巧

（1）一次一个原则。不要一次下达多个命令，应在保证下属清楚明白的前提下，再进行下一个命令。

（2）下达指令要遵循正常的组织程序。每个公司都有严密的组织结构，正常的组织程序是工作有条不紊进行的保证。下达的指令要保证员工在本职岗位上能做好工作，切不可打乱组织工作程序。

（3）态度和蔼，语气自然亲切。

（4）谈话要清楚，简单，明确，遵循 5W1H 的原则。

（5）不要认为下属很了解领导的指令，如有可能，请他复述一遍。

（6）如果有必要，亲自示范详加说明。这样可以保证下达指令的明确性，并且可以使下一次的下达更快更好。

（7）沟通时要将姿态放低。命令的目的是要让下属按照领导者的意图完成特定的行为或工作，带有组织阶层上的职权关系，隐含着强制性，会让下属有被压迫的感觉。直接命令剥夺了部下自我支配的原则，压抑了部下的创造性思考和积极负责的心理，同时也让部下失去了参与决策的机会。若用直接命令的方式与下属进行沟通，也许看起来非常有效率，但是工作品质很难得到提升。所以，即便在与下级沟通时，也要学会放低姿态，先适应后征服。

14.3 督促检查

下属完成任务，往往离不开领导的督促检查。在督促检查工作中，始终要讲效率、求质量、重效果，着力推动决策落实，不走马观花，不摆空架子。督促检查是需要方法的，否则会事倍功半，无法达成预期的效果。

1. 及时进行

及时进行督促检查是非常必要的，但这并不意味着时时刻刻都盯着下属，命令他做，或是求他完成任务，这些都不能使工作效率提高。

2. 落到实处

督查过程中，要事事抓具体，不管大事小事，一经安排布置，就即时催办，做到桩桩有着落、件件有结果。

14.4　奖惩评价

1. 赞扬下属

心理学家马斯洛认为，荣誉和成就感是人的高层次的需求，而赞美能使他人满足自我的需求。美国一位著名社会活动家曾推出一条原则："给人一个好名声，让他们去达到它。"事实上被赞美的人往往宁愿做出惊人的努力，也不愿让人失望。一般来说，高层次的需求是不易满足的，而赞美的话语，在一定程度上给予了这种满足。这是一种有效的内在性激励，可以激发和保持行动的主动性和积极性。当然，作为鼓励手段，它应该与物质奖励结合起来，没有物质鼓励作基础，在生活水平不太高的条件下，会影响精神鼓励的效果。所以，赞美是对部下精神的激励，是保证效益的一剂良药。

【经典案例】

成都路行通公司对为公司服务并做出突出贡献的员工奖励是一枚小小的公司标记别针。别针从铜制、银制到18k金不等。小小的别针可能并不值钱，但却代表了对于下属工作的肯定，表明社会和集体对其工作成绩的承认与尊重。

人对精神鼓励的需求是普遍的、长期的，社会越发展越是如此。重视赞美的作用，正确地运用它，是管理者的有效管理方法之一。下面提供一些赞扬部下的技巧。

（1）赞扬的态度要真诚。

英国专门研究社会关系的卡斯利博士曾说过："大多数人选择朋友都是以对方是否出于真诚而决定的"。在与人交往的过程中，真诚，是良好的人际关系中关键的要素。常言道："精诚所至，金石为开"，真诚，是打开人们心灵的一把钥匙，是吹开人们心扉的一股春风。赞美他人时更要做到真诚，如果赞美不真诚，赞美下属时会表现得表里不一，容易失去对自己的信任；赞美上级会显得阿谀奉承，虚情假意。赞美他人时，不要刻意抬高或拉低自己的身段，平等相对、真诚以待是最好的选择。真诚是打心眼里对对方的赞美，不能油腔滑调，应该语气诚恳，态度端正，眼神坚定，这是对被赞美者的精神肯定。使用朴素贴切的语言来表达对他人的赞美，一来会更现诚意，二来别人也会觉得悦耳而不至于羞腆。另外语言要准确，言能达意，才不会使他人会错意。

（2）赞扬的内容要具体。

作为领导，恰如其分地赞美下属可以有效提高领导力，提高下属的工作积极性。赞美下属不要笼统地一概而论，而应该因人而异，按照下属的性格来赞美他们，只有这样才能达到赞美的最佳效果。但是，不管对方的性格如何，在赞美的时候保持情真意切的态度，都是必需的。赞美下属要具体，但赞美和表扬不是说一些"年轻有为，前途无量""干得不错"之类缺乏感情的公式化语言，这些都很难打动人心。人们希望得到赞赏，但这些赞赏应该能真正表明他们的价值。人们希望对方的赞赏是其思考的结果，是真正把他们看成是值得赞美的人而花费了精力去思考才得出的结论，不要泛泛而谈。针对不同的下属和不同的事情，赞美的方式也要有所不同，要做到就事论事而不是表面敷衍，要从细节出发，让下属完成任务前有使命感，完成任务后有成就感，争取做到针对性的赞美，可以具体到分工、材料、完成情况、组内协调多个方面，这样也容易说明已经取得的成果和当前仍然存在的问题。

【沟通训练】

判断以下赞美的说辞是否合适：

1. "你很棒！""你表现得很好！""你不错！"

2. "你的调查报告中关于技术服务人员提升服务品质的建议，是一个能针对目前问题解决的好方法，谢谢你提出对公司这么有用的办法。"

3. "你处理这次客户投诉的态度非常好，自始至终婉转、诚恳，并针对问题进行了解决，你的做法正是我们期望员工能做到的标准典范。"

第一个例子就是不恰当的做法，"很棒、很好、不错"都是很笼统的说法，正确的赞美应该是就事论事，什么不错、什么很好都要说明白，说具体。第二个和第三个例子就是较好的方法，表明了对方做的什么事情让自己很满意，说明了自己的需求，并适当地表示感谢，具体妥当。

（3）赞美的时机要合适。

赞美要及时。赞美是对一个人的工作、能力、才干及其他积极因素的肯定。通过赞美，人们能够了解自己的行为活动的结果，所以说，赞美是一种对自我行为的反馈。而反馈必须及时才能更好地发挥作用，一个人在完成工作任务后总希望尽快了解自己的工作结果、质量、数量以及相关评价等。好的结果，会带来满意和愉快的情绪体验，给人以鼓励和信心，使人保持这种行为，继续努力；坏的结果，能使人看到不足，以促进下一次行动时做到专注、改进，以求得好的结果。同时，人们需要通过尽快地了解反馈信息，对自己的行为进行调节，巩固、发扬好的行为，克服、避免不好。如果反馈不及时，热情逐渐消退，这时的赞美就没有太大的作用了。及时表扬是一种积极强化手段，它可以使员工和部属很快了解到自己行为的结果，有利于他们巩固成绩，向前发展。有些主管喜欢不动声色地看着别人的成绩，然后加以"储存"，在适当时候才找出来"提一提"，此时，其效果已经减弱了一大半了。应该让下级感受到上级在随时关注着他们的每一个成绩，随时准备为他们的成功喝彩，这样做也表现出上级的敏锐和快节奏、高效率的工作作风。

2. 批评下属

高水平的批评，不但有助于转变下属的错误思维，而且有助于取得良好的人际关系，甚至有时批评会成为最有效的激励。下面也提供一些批评下属的技巧。

（1）以真诚的赞美做开头。

任务时候赞美部下必须真诚。每个人都应珍视真心诚意，它是人际沟通最重要的尺度。针对于部下所犯错误，当我们以真诚的方式开始说话，不仅能够拉近与部下之间的距离，更能够给予部下一种亲和感，以达到更高效的传达效果。

真诚的开头会避免不必要的抵触、部下情绪低落等不利情况。懂得如何恰到好处地批评有助于人际关系水平的提高。

（2）尊重客观事实。

应该就事论事，要记住，我们批评他人，并不是批评对方本人，而是批评他的错误行为。首先，我们必须明确批评的针对点是部下错误的行为，要就这个行为做出合适的评价及一定力度的批评，以达到让部下改正错误的目的。其次，我们需要做到就事论事，不要因这件事情而扯出之前发生的事情，或者与他人进行比较来完成批评。最后，我们需要注意到批评的是事情，而非对方本人。不要在批评过程对部下个人做出批评，甚至抵毁人格。

（3）指责时不要伤害部下的自尊与自信。

批评时要注意批评言语，不应伤害部下的自尊与自信。批评的目的是让部下及时了解自己工作中出现哪些错误，以此作为指导来更好地完成之后的工作。如果在批评时把握不好尺度，伤害到部下的自尊与自信，反而会造成不良后果，甚至引起部下阳奉阴违、工作效率低下等问题。

（4）友好的结束。

友好的结束同样是批评部下重要的环节。当上司完成批评所要达到的目的后，应以一种友好的方式结束，这样既对对话做到了总结，又能够激励部下更好地开展之后的工作。恰到好处的激励或者憧憬未来的鼓舞，既能进一步拉近双方距离，又能让其感受到上级无微不至的关爱，这种友好的结束是批评的点睛之笔。

（5）批评选择适当的场地。

批评场地的选择也很重要。选择在独立的办公室、安静的会议室、午餐后的休息室，或者楼下的咖啡厅等地时，部下更容易接受，这样不会伤害对方的自尊。而选择在员工较多的地方，会让部下感到失落，甚至丧失自信心。

（6）学会滞后的批评。

不同于表扬，批评更适宜滞后进行。时间的把握上需要注意，过早的话有可能会伤害对方，而过晚的批评可能会出现员工记忆不清等问题。最佳的滞后时间是八个小时，在这时的批评既能实现让部下自我检讨的目的，也可以使得批评不显唐突。这种以柔克刚的方式能够恰到好处地让部下认识并及时改正错误。

【沟通小贴士】

批评分为两种：

第一种，原则性错误，需要马上指出，立即改正。

第二种，非原则性的无伤大雅的错误，可以"隔夜"批评。一方面，在这个过程中，上级的情绪会得到平静，能更冷静地处理；另一方面，员工在这种过程中会有一种"煎熬感"，会自主地反思自己的过错，更好地接受上级的批评。

【沟通训练】

请判断以下批评方式是否正确：

"你对工作太不负责任了，这么大的错误都没有校正出来。" （　　）

"这个字你没有校出来。" （　　）

"你做事情太草率了，怎么能如此处理这件事情呢。" （　　）

"这件事情你不能这样处理。" （　　）

"我以前也会犯下这种过错……" （　　）

"每个人都有低潮的时候，重要的是如何缩短低潮的时间。" （　　）

"像你这么聪明的人，我实在无法同意你再犯一次同样的错误。" （　　）

"你以往的表现都优于一般人，希望你不要再犯这样的错误。" （　　）

"今后不许再犯。" （　　）

"我想你会做得更好。"或者"我相信你。" （　　）

"这种错误今后不允许出现。" （　　）

"今后继续加油，会做得更好。" （　　）

在组织中，管理者经常需要对下沟通，这个沟通过程可以分为下达命令、督促检查和奖惩评价三个步骤。管理者需要掌握正确的沟通原则和恰当的沟通技巧，真诚、主动、把握恰当的时机与下属进行沟通，并且在沟通过程中注重听取下属的反馈，提升下属的参与度，才能实现高效的沟通，提升企业的生产效率。

【学习训练营】

小罗今年25岁，刚刚提任YH建筑工程公司生产部门的副经理，工作主要是辅助配合陈经理履行生产技术部的工作职责。虽然在工作期间，小罗积累了一定的维修装配方面的技术能力和人际协调能力，但现在要做管理工作，而且要管理20多位平均年龄42岁，基本上都是在公司工作十年以上的老员工，小罗仍然有些忐忑。

老陈年近40岁，来公司已近10年，负责生产计划安排。一直以来，老陈工作勤勤恳恳、任劳任怨，但他生性悲观，墨守成规，凡事总以悲观的角度诠释，认为保持原状才是明智之举。虽然小罗反复和他解释自动计划排程的操作流程，但他会举出各种理由来证明新流程存在缺陷，使得新方法无法推展。

同样是老工程师，负责工艺流程制图的老刘快50岁了，老刘性格开朗，和同事们关系很好。面对新技术新方法，他主动学习，还利用周末到公司学习软件的操作。但是小罗发现其他一些同事常在背后对老刘嗤之以鼻，他们认为老刘只是拍马屁有功夫，表面文章做得好，其实他能力最差。小罗也发现虽然老刘在积极学习，但是还是没能掌握新的工艺流程制图的原理和技能，已经影响到其他同事的工作进度了。

怎么才能让老陈和老刘掌握新的技能呢？一个性格固执拒绝改变，一个灵活应变但学习能力差，小罗真不知道该如何处理。

思考

1. 作为部门副经理，小罗在对下沟通时遇到了哪些问题？
2. 面对老陈和老刘这样的老员工，小罗应该分别进行怎样的沟通？

1. 我总是能够向下属清楚交代工作。
   A. 非常符合　B. 符合　　C. 一般　　D. 不符合　　E. 非常不符合

2. 我认为下属的工作汇报很重要，所以我总是能够及时回复下属的工作汇报。
   A. 非常符合　B. 符合　　C. 一般　　D. 不符合　　E. 非常不符合

3. 工作中，我总是尊重下属的意见和建议，为公司整体利益考虑采纳正确的建议。
   A. 非常符合　B. 符合　　C. 一般　　D. 不符合　　E. 非常不符合

4. 下属表现优秀时，我总是会及时而且真诚地赞美下属。
   A. 非常符合　B. 符合　　C. 一般　　D. 不符合　　E. 非常不符合

5. 当下属表现不好时，我会滞后批评，并且和下属一起商量问题的解决方法。
   A. 非常符合　B. 符合　　C. 一般　　D. 不符合　　E. 非常不符合

6. 我会根据下属的不同风格特点选择不同的谈话风格。
   A. 非常符合　B. 符合　　C. 一般　　D. 不符合　　E. 非常不符合

7. 我总是能够倾听下属的难题和苦衷，站着他们的角度理解他们的真实想法。
   A. 非常符合　B. 符合　　C. 一般　　D. 不符合　　E. 非常不符合

8. 我总是能够激励下属，激发他们的工作热情，提高工作效率。
   A. 非常符合　B. 符合　　C. 一般　　D. 不符合　　E. 非常不符合

得分与解释

选 A 得 4 分，选 B 得 3 分，选 C 得 2 分，选 D 得 1 分。

总分在 11～20 分：你经常不能很好与下属进行有效沟通。但只要你掌握与下属沟通的基本方法，明白与下属沟通的重要性，多站在下属的角度思考问题，你随时可能获得下属的尊重和支持。

总分在 21～30 分：你懂得一定的沟通技巧，理解和体谅下属，但是你缺乏高超的沟通技巧和积极的主动性，许多事情只要你继续努力一点，就可获得下属的拥戴。

总分在 31～40 分：你很出色，是与下属沟通的高手，有很高的沟通技巧和人际交往能力，能够提升团队的效率。

【笔记栏】

第十五章

平行沟通

某家公司非常重视员工之间的相互交流。公司管理层发现，公司一些部门如技术研发、市场营销的员工在工作中过于关注专业分工，缺乏对其他部门的了解，这容易导致部门之间出现隔阂，使组织信息被人为分化。

于是，管理层想出一个办法：把公司餐厅里4人用的小圆桌全部换成长方形的大长桌。这是一项重大的改变，之前使用小圆桌时，总是某四个互相熟悉的人坐在一起用餐；而改用大长桌的情形就不同了，一些彼此陌生的人有更多机会坐在一起闲谈、交流。

如此一来研究部的职员就能遇上来自其他部门的行销人员或者是生产制造工程师，他们在接触中可以相互交换意见，获取各自所需的信息，还能相互启发，碰撞出"思想的火花"。更重要的是，各部门能够了解其他部门的相关信息，从而做到换位思考，求同存异，避免了很多不应该发生的冲突。公司的经营状况得到了大幅度的改善。

15.1　平行沟通的含义

平行沟通是指组织内的同层级或部门间横向的一种沟通程序。平级的管理者在组织架构中处于同等位置，不能用命令、强迫、批评等手段与之进行交流，只能通过建议、辅助、劝告、咨询等方法进行沟通。

15.2　平行沟通的障碍

平行沟通存在很多障碍，部门之间往往欠缺积极配合的意识。正因如此，平行沟通对双方的合作诚意、沟通能力都提出了很高的要求。

平行沟通困难的首要原因就是不同部门目标各异。为了保证各个部门能够各尽其职，企业总是会为部门制定明确的战略目标，这些战略目标往往是单一的。对不同的职能部门而言，这些单一的战略目标之间常常有矛盾与冲突。财务主管总是习惯于紧盯着财务指标；人事主管更多地考虑人员的匹配和优质人才选用；营销主管当然看重的是业绩的提升。于是，在人事主管看来是利润创造者的人力资本的，在财务主管看来往往会是成本和负担；营销主管总是希望扩大销售人员的数量来提高总体业绩，人事主管则更愿意关注单个员工的绩效而倾向于控制招聘规模。

其次，是各部门理解问题的角度不同。在安排工作的时候，不同部门可能会持有不同的意见，而对于同一个问题，不同的部门也会有不同的看法。特别是在跨部门沟通的时候，因为部门领导不同，各部门首要执行的还是自己领导布置下来的工作，所以跨部门合作时通常很难让一方完全按照另一方设定的目标完成工作。

15.3　平行沟通的原则

沟通的原则有平等、信用、互利和尊重，平行沟通的原则基本上也遵循沟通的原则，在此基础上，平行沟通的原则更加注重对平级之间关系的维护，更加注重组织沟通中的礼节和需要遵循的制度。

1. 要以大局为重

沟通时要从企业战略的角度出发，以企业利益为最高利益，懂得适当妥协。在进行同级沟通时，人们往往会因为各自利益诉求的冲突而出现沟通困难，又会因双方的权威之争而不愿互相配合，最终陷入僵持。面对沟通困难的情况，大家只能找高管或老板来定夺，于是乎很多企业的高管、老板没时间思考战略，却在这方面花费大量的时间。而如果沟通双方能站在更高的角度思考，从企业战略的高度出发，以企业利益为最高利益，就能避免很多不必要的争端。

2. 求大同存小异

不同的员工由于经历、立场等方面的差异，对同一个问题，往往会产生不同的看法，甚至发生争论，一不小心就容易伤和气，影响正常工作。因此，在面对问题，特别是在发生分歧时，要努力寻找彼此的共同点，争取求大同存小异。如果实在难以和解，不妨冷处理，即依然坚持自己的观点，但搁置争议，随着时间流逝，让矛盾淡化。

3. 主动表达善意

人与人之间刚开始交往的时候，都免不了心存一点戒备，这是很正常的。部门之间也是如此，虽然都处在同一组织，但各部门也有自己的利益。这个时候，有远见的管理者通常会主动表达善意，打消或减少对方的顾虑，使双方形成良好的互动沟通、善意沟通。

所谓善意沟通，就是在沟通中要充分考虑对方的实际情况，多从善意的角度理解对方的想法，消除不必要的疑虑。一般来说，表达善意要做到以下四点。

（1）尊重对方。

只有尊重对方，对方才会给予同样的回报，彼此尊重，这是进行有效平行沟通的基本前提。

（2）换位思考。

不要只考虑本部门的利益，设身处地地站在对方的立场考虑。双方共同做出的决策都不能是损人利己的，而要站在对方的角度想问题，了解对方的想法，这是平行沟通的润滑剂。

（3）互利互惠。

双方合作的宗旨还是要达到双赢，在合作中双方都是为了更好地完成任务，争取各自的利益。而所谓合作，实质上还是互相利用的过程，利用就得先利而后用。互帮互助、互惠互利可以加深双方的友谊，有利于双方的长远合作。

（4）待人真诚。

用诚意来促进双方的了解，及时送上关怀。在现实中，做一个有心人，留心同事的生活，注重平时的联系，这样能促进彼此的了解，增进同事之间的感情，在组织中达成有效的沟通。

4. 放低姿态，保持谦虚

同事之间既然存在竞争，那么必然有工作成效的高低之分。做得好的同事要照顾到做得不好的同事的心理，尽可能帮助他们提高业务水平，切忌趾高气扬，给他们制造更大的刺激。而高傲的态度很难让人家提供帮助，一个人只有学会谦虚，在需要帮助的时候才会容易得到别人的支持。

5. 同事间要多注意礼节和人际关系

同事在工作中有着共同的目标和方向，在工作中为了各自的前途和公司的利益都会努力工作，维系好彼此之间的感情，会有利于自身和公司的发展。平行沟通的第一要务就是功夫下在平时。在日常生活中，可以多给同事关照，比如说请客吃饭、请看电影等，以此加深同事之间的友谊，增进工作中的交流。在节日里，还可以送一些小礼物来获得同事的好感。如果一个人平时和同事没有太多交集，很难想象当他着急的时候，会有人急他所急。

6. 就事论事，尽量协商出对彼此有利的结果

理性平等看待对方的诉求，坦诚表达己方态度。完成一项任务需要大家的团结协作，在共同的大目标下，大家又各自都有自己的小目标。在沟通时，一方面要牢记自己想要达成的目标，另一方面也要理性看待对方的诉求，尽量让双方都能获得满意的结果。

【沟通小贴士】平行沟通的5个技巧

（1）同事间要多注意礼节和人际关系。

（2）和跨部门的高阶人员沟通时，先请同阶主管打电话或拜会一下。

（3）就事论事，尽量协商出对彼此有利的结果。

（4）有争议时，避免争吵，可请上司出面协商调整。

（5）平时要建立起互助、合作的良好团队默契。

15.4　平行沟通的语言技巧

平行沟通时要顾及对方的自尊心，采用委婉的语言，用建议代替直言，用提问代替批评，追求共同的利益，最终达成工作目标。

1. 用赞美改善关系

每个人都想得到他人的肯定。真诚的赞美，不仅可以表达对别人的认可，还可能成为别人的动力源泉，从而增加彼此的好感。

2. 谨慎直言相告

心胸坦荡、为人正直是许多人都赞赏的美德。在组织沟通中，实话实说本身并没有错，但实话实说也要考虑时间、地点、对象以及他人的接受能力等。如果说话过于直率，言辞过于生硬或激烈，会产生不良效果，不但无法达到表示善意的初衷，有时甚至导致冲突。

3. 善于用词汇表达

沟通从心开始，同事之间的沟通要更注意考虑对方的感情。在沟通前应该认真思考对方能够接受什么样的语言、什么样的表达方式，因人而异地进行沟通。

4. 说话不要犯忌讳

各地的风俗不同，说话上的忌讳各异，一不留神地脱口而出，很可能会伤害同事间的感情，因此需要沟通双方在表达时注意用语。

5. 用合理的方式道歉

工作中如果因自己的过失给别人带来了损害，就一定要向对方道歉，这是同事间修复裂痕、增进感情的积极办法。向同事道歉需要勇气，更需要合理的方式。

（1）用其他方式代替语言表达，例如一张卡片或一样对方喜欢的东西，来传达歉意，与对方冰释前嫌。

（2）真心实意地道歉。

（3）可以坦率承认自己失误或用赞美他人的方式进行。

【经典案例】

一家企业组织学习，每个部门都派去了部门负责人前去学习公司的新产品，以及产品运营和发布的相关策略。市场总监和培训总监是此次学习的关键人物，未来公司业绩好不好，很大程度上都取决于他们。

学习结束之后，公司有为期十天的督导和培训工作，目的是解决一线人员的产品学习问题。市场总监王总不仅亲自去会场授课，还拜访了培训总监肖总，希望能邀请他进行教学。以下是他们两个人的部分对话：

…………

王总："肖总，是这样的，我想请你给团队做做培训，有些东西，你比我更在行，我需要你的帮助。"

肖总："太客气了，销售这方面，你是最有发言权的。"

王总："我是诚意相邀。你看，你进行培训工作多年，经验丰富，大家都喜欢听你的课，你来做培训大家肯定愿意听，到时候业绩肯定好。关键还有一点，年底的考核，咱俩的部门是关键，这一次的销售如果做得好，对咱俩都有好处。兄弟们辛苦一年了，都不容易，我希望这一仗打好了，大家都能多赚点钱，过个好年。另外，听说明年总部要建立商学院，我可以配合你。我要销售业绩，你要培训效果，到时候你去了商学院升职做了院长，别忘了多支援我们就好了，你看怎么样？"

肖总看到了对方的诚意，欣然应允了此次培训。

然后，王总又拿出了自己准备好的礼物。肖总打开一看，是一套精美的高尔夫球套装。这是销售部给高净值客户的批量定制礼品，价值不菲。曾经有一次肖总跟客户谈到自己喜欢打高尔夫，王总就记住了他的这个爱好。

合作愉快达成了，十天的培训与销售衔接无缝隙，效果奇佳。通过这次的关键项目，在年底的测评中，双方的年终考评顺利得分 A 级。得益于庞大的销售部的支持，肖总还被任命了企业商学院的院长职务。

【总结与回顾】

不同于对下沟通，平行沟通的沟通者因在组织架构中处于同等位置，所以不能用命令、强迫、批评等手段，只能通过建议、辅助、劝告、咨询等方法进行沟通。沟通者也会因为各自的目标以及理解问题的视角各异，而导致沟通存在诸多障碍。这就需要沟通者掌握平行沟通的原则和技巧，提升沟通能力，在沟通过程中释放善意、保持谦虚、维护人际关系，在沟通时以企业战略和利益为出发点，求同存异，适当妥协，尽量协商出对彼此有利的结果。

【学习训练营】

AG 有限公司是一家外资企业，专门经营周转很快的消费性产品，在过去的 5 年时间里发展得很快。公司刚刚成立时仅有 6 名销售员，1 名营销主管以及 1 名办公室主任。王强在公司中担任办公室主任。公司成员之间的沟通都是直截了当的，且多半为口头方式。每当销售员从市场上了解到有关信息，就会立刻向总经理汇报，总经理和他们一起讨论，然后立刻对此做出反应。公司每周开一次例会，会议的内容是总经理布置下一步计划，宣布行动计划。此外，员工会谈一谈自己在工作中遇到的问题，对销售策略的看法。

随着市场份额的成功扩大，公司很快就在华南地区建立起一些销售处。公司亦因此而招聘了一些新员工，他们大多数被安排在不同的销售区域工作，总部也成立了专门的部门，如营销、财务、人力资源以及后勤等部门。王强身为办公室主任，作为公司内外沟通的枢纽部门的领导，他看到了公司内部沟通的一些变化。比如，公司规模扩大后，人们相互之间面对面的沟通正在减少；公司加强了内部管理，运用层级管理的沟通机制规范了组织内部的沟通，但公司内部延伸的报告系统却影响了信息传递的速度。竞争对手乘着公司信息"旅行"之际，抢占先机，夺走了市场份额。同时，部门与部门之间缺乏面对面沟通，管理层与员工之间的关系日益紧张。

思考

1. 案例中出现了哪些平行沟通中的障碍？
2. 王强主任应该如何改进目前公司内部沟通的现状？

【自我技能测试】

1. 对于你的升职，同部门的同事心理不平衡而对你产生嫉妒，经常在办公室当中出言嘲讽，你应该怎样处理这种情况？

2. 作为人事部门经理，针对公司的发展情况，你想通过高薪为公司引进一批技术型人才，但是财务部门经理并不认可这一想法，他觉得这是不必要的成本和负担，会对公司的财务指标产生很大影响，对此你将会怎样和财务部门经理沟通？

3. 当你进入新的公司工作时，你与周围的同事都不太熟悉，但是老员工总是喜欢找你帮忙做一些没有技术含量却烦琐的杂事，对此你感到厌烦，你该如何解决这个问题呢？

【笔记栏】

第十六章

客户沟通

一家奶制品专卖店有三个服务人员，分别是小周、小吴和小郑。

小周总是面带微笑，主动问长问短，一会儿与客户寒暄天气，一会儿聊聊孩子的现状，总之聊一些与买奶无关的事情，但总是能让顾客感到亲近。

小吴通常采取另外一种方式，他会向顾客表达："我能帮您吗？您要哪种酸奶？我们对长期客户是有优惠的，如果气温高于 30 ℃，您可以天天来这里喝一杯免费的酸奶。您想参加这次活动吗？"

小郑则总是与客户谈论日常饮食需要，问顾客喝什么奶，是含糖的还是不含糖的。也许客户正是一位糖尿病患者，也许顾客正在减肥，小郑总会找到一种最适合顾客的奶制品，而且告诉顾客如何才能保持奶的营养成分。

这三位服务人员同时向你推销奶制品，你更愿意接受哪一个呢？

16.1 客户沟通基本概念

1. 什么是客户沟通

客户沟通，即是企业与顾客之间的沟通。企业向客户销售的过程，也是与客户沟通的过程。这里的沟通是指销售人员合理运用技巧与顾客进行的有效沟通。有计划且自然地接近客户，使客户觉得有益处，从而顺利地进行商洽，这是销售人员必须努力做到的工作和应当具备的技能。

2. 客户沟通的作用

（1）客户沟通是实现企业目标的基础。企业的发展离不开自己的客户，离不开客户沟通。在与客户沟通的过程中，企业可以了解市场信息，明确发展方向，达成合作协议，收获营业利润，达成企业目标。

（2）客户沟通是实现客户满意的基础。沟通是双向的，客户沟通除了实现企业目标以外，还能更好地满足客户需求。经常性的客户沟通可以有助于提高客户满意度，在企业出现失误时，有效的沟通可以让企业更好地收获客户谅解，减少客户的不满。

（3）客户沟通是维护客户关系的基础。良好的关系需要沟通来维持，客户关系也是如此。有效的客户沟通可以向客户灌输双方合作的长远意义，描绘合作的远景，加深企业与客户的感情。如果企业与客户缺少沟通，那么客户关系将很容易在各种挑战下面临土崩瓦解的风险。

3. 客户沟通的方法

（1）沟通准备：在与客户进行沟通前，企业应该先完成相应的准备，包括对客户的基础信息、品味偏好的了解，沟通目标的确立，沟通方案的设定等。

（2）接近客户：在做好充分准备后，企业可以采用适当的方式接近客户，让客户产生信任，与客户建立关系。接近客户时给对方留下的第一印象非常关键，因而这个步骤十分重要。

（3）学会倾听：沟通是相互的过程，要想与客户达成合作，首先需要倾听客户的想法，需要给予客户尊重。在倾听的过程中了解客户的观点、立场、需求、感受，有助于企业顺利与客户达成共识，推动合作。

（4）合理沟通：企业与客户沟通时，应多从客户利益出发来考虑问题，换位思考，适当调整沟通方式，让客户沟通更轻松。

16.2 与客户建立关系

1. 与客户的关系类型

在与客户进行沟通之前，有必要先明确自己要与客户建立怎样的关系。

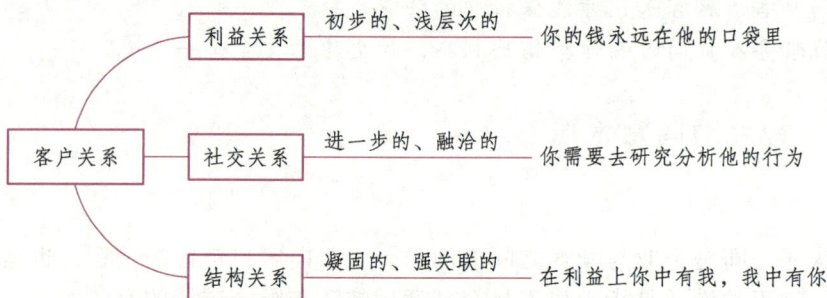

图 16-1 客户关系的类型

按照关系的亲密程度，客户关系简要分为以下三种（见图 16-1）：

（1）利益关系：在这样的关系里，客户是那个企业的钱永远在他口袋里的人，这样的客户关系是初步的、浅层次的。在利益关系中，沟通的信息往往是公开的，如：姓名、性别、职业、大概的收入、基本偏好等。

（2）社交关系：处于社交关系的客户需要企业去研究分析他的行为，这样的关系在利益关系上更进了一步，也变得更融洽。社交关系建立的过程就是把半公开甚至不公开的信息变成公开的信息，比如：家庭成员及关系、个人的饮食、起居，甚至价值观、兴趣爱好等。通过社交沟通，建立有频次的、稳定的关系联结。

（3）结构关系：在这样关系里，企业和客户在利益上你中有我、我中有你，这是一种凝固的、强关联的关系。结构型关系的构建一定建立在深层次的沟通基础上，在明确了双方的半公开乃至私密信息的基础上，形成利益团体、达成共识；在此基础上的任何合作和交流其实都是成本最低的一种关系，也是企业追求的境界。

2. 如何建立客户关系

（1）建立利益关系：在顾客光临的时候尽心介绍，做到与客户建立关系的第一步。

例如：作为商场的导购员面对顾客时，首先要记住客户就是"上帝"，全程微笑面对是礼仪的一部分。同时注意观察顾客的眼神和表情来对商品做适当的介绍，介绍一部分商品后，客户应该会提出要求或做进一步的了解，此时应根据获取的信息推断客户的兴趣偏好，最后找到让客户满意的商品。这就是建立利益关系的典型。

（2）建立社交关系：通过与客户的交流记住他的名字和偏好商品，获取客户的联系方式，与客户保持联系。

例如：在售卖品牌衣物时，要留心来购买的常客，了解她们的喜好，在进购新品时告诉喜爱这种风格的顾客，这样做一来卖出了衣服，二来给顾客留下好印象，又宣传了新品。

（3）建立结构关系：时时关注客户的问题或投诉，主动做好客户的售后服务。此外，开发商品的人还需根据客户的反馈，用实际行动来研究改善商品，以打动客户的心。

例如：客户在使用保温杯时会抱怨太保温、水太烫、经常烫到自己。这时，保温杯公司注意到了客户的反馈，发明了带温度计保温杯；接着，公司又推陈出新，推出了的 55°常温水杯，还有提醒喝水的功能。这些产品就是企业和客户建立了结构关系的产物，客户成为企业的价值创造者。

3. 建立客户关系时需要注意些什么？

与客户沟通时的注意事项如表 16-1 所示。

表 16-1　客户沟通注意事项

具体部位	面部	身体	语言
注意事项	1. 不要有太大的情绪起伏以免给顾客自己靠不住的感觉； 2. 给顾客舒适感而非压迫感	1. 不太夸张的肢体动作； 2. 合乎礼仪的姿态； 3. 适当的身体距离； 4. 合适的衣着打扮	1. 得体的措辞； 2. 温和的语调； 3. 与不同类型的人交流要用不同的方式； 4. 语言简洁且直击重点
实例	1. 全程微笑面对客户； 2. 用坚定友好的眼神专注地看着对方	1. 礼貌的社交距离大致在 1.2～3.6 m； 2. 衣着打扮力求沉稳——如衣服颜色选取深蓝、深灰或黑色	1. 与表现型的人交流要说话要有肢体语言； 2. 与分析型的人交流要注意细节； 3. 与支配型的人交流要直接； 4. 与和蔼型的人交流要轻柔

首先，全程微笑面对客户是最基本的要求。要用坚定友好的眼神专注地看着对方，要给客户舒适感而非压迫感。

其次，保持合理的距离很重要。在与客户沟通时最好将距离控制在个人距离（46厘米到 1.2 米）和社交距离（1.2 米到 3.6 米）之间。距离太近，有压迫感和不舒服的感觉；而距离太远，则是信心不足的表现，且过远的距离不利于正常交流。

最后，衣着打扮要力求沉稳——如衣服颜色选取深蓝、深灰或黑色。选择职业化的服饰和配饰是做好印象管理的第一步。和客户沟通时，切忌穿过于花哨的服装、戴昂贵或闪亮的配饰、首饰。

在与不同类型的人交流时，要采用合适的交流方式。与表现型的人交流要说话要有肢体语言，与分析型的人交流要注意细节，与支配型的人交流要直接，与和蔼型的人交流要轻柔。当然，要对自己的商品有透彻的了解，知道产品能给客户带来哪些方面的满足。

【经典案例】手表的价值维度

假如一家企业的主营业务是设计、售卖手表。从最基本的实用价值向外延伸，我们可以把商品的价值分为以下几个维度：

实用价值——手表的时间必须精准；

观赏价值——手表的外观要有一定风格；

品牌价值——这款手表能带给人心理上的满足感；

质量保障——由它的售后保障决定；

意外价值——有吸引人买的特殊功能，如防水、能打电话甚至上网等。

实用价值是商品的基础，必须要能满足客户的基本需求；观赏价值在实用价值的基础上延伸，可以为商品锦上添花；品牌价值可以刺激客户的购买欲，形成品牌溢价；质量保障可以消除客户的后顾之忧，让客户安心购买；意外价值则是超越上述价值之外的特殊功能，以创新或精致的设计为用户带来更优质的体验。

在充分了解这些以后，你的沟通技巧才能与实践充分结合，为你的客户沟通助力。

16.3　迅速接近客户的七大技巧

在与客户建立关系时，企业不可避免的需要接近客户，与客户交谈，了解客户。因此掌握一些迅速接近客户的技巧是有必要的。

1. 与客户建立信任

与客户之间产生信任是非常重要的一点。

顾客在商店里挑选衣物时，很多导购人员喜欢过来对顾客说："那件衣服很漂亮，很适合你。"但其实有些顾客不太喜欢这样的导购行为，特别是衣服的价格比较昂贵时。只有当客户与导购人员产生信任之情的时候，客户才会认为导购人员是在真心实意地为他选择适合他的衣服，而这一份信任也会深深地影响客户的购买行为。

想接近客户，与客户产生信任，就需要引起客户的注意，引起客户的兴趣。例如，企业可以对一位长期客户送出一些礼品。包含真情实意的礼物可以给客户以温暖的感觉。

获得顾客的信任，与他们成为朋友，也可以为企业今后进一步的发展积累人脉。这种一举两得的客户沟通方式可以让单纯的利益关系变为社交关系、结构关系，是企业应该追求。

2. 给客户良好的外观印象

要让一位潜在客户成为真正的客户，在初次见面时给就要给客户留下一个良好的外观印象。首先得衣着得体，穿衣品味可以体现出一个人的身份、地位和做事风格。如果销售人员着一身名牌服饰去推销一些价格比较低廉的商品，顾客很容易对他产生不信任的感觉；同样，当工作人员在比较高端的场合身穿休闲服装时，也会给顾客留下一个不尊重、做事随意的印象。

总之，衣着要符合所在的环境，既不能过分张扬也不能过分刻意，要给人自然舒服的感觉。良好的外观形象更能让顾客产生好感，也更容易让企业取得他们的信任。

3. 记住并常说出客户的名字

了解一个人首先得知道他的名字，如果工作人员能叫出客户的名字就更能给对方亲切的感觉，这将进一步拉近企业与客户的距离。

然后我们就可以了解客户的性格、爱好。了解一个人的性格后，我们能够根据他们的性格特点来选切入点，对于不同性格类型的客户使用不同的策略来应对。

4. 让客户抱有优越感

在向客户推销时，让客户抱有优越感也是非常重要的。

推销时，要让客户感觉到企业是在为他服务。因此在与客户交流时，首先言语得当，彬彬有礼；其次，在与客户交流的时候，也需要注意着装，不要穿上一些太名贵的衣服，这样会给客户一定的压力。有的客户甚至会因为看不惯推销人员过于名贵的服饰而故意刁难人。

同时，要有针对性地称赞客户。

最后，要尊重客户的意见。要严格遵守"我只是帮助客户买东西的"这句话，为客户提供意见，以客户为中心，不能主次不分，否则可能会导致客户的反感。让客户抱有一定的优越感可以使推销与合作变得更加容易。

5. 人格魅力

在与客户沟通时，销售人员也应该保持乐观开朗，摆出积极的姿态。首先可以给予自己心理暗示，每天上班前自我沟通3分钟，保持愉悦自信的工作状态。与客户交流时面带微笑亲切自然。具有浓厚的人格魅力可以征服顾客，推销自己，有时还能得到意想不到的收获。自信而有人格魅力的人更容易得到顾客的信任，也会给顾客更多期待。

6. 替客户解决问题

一位优秀的销售人员总会把客户的利益放在首位。在和客户沟通的过程中，要知道客户的困扰所在。然后通过自己的努力尽力帮顾客解决问题，并和顾客成为朋友，让顾客从有亲切感。

7. 利用小赠品

礼物作为一种表达心意的方式，也能用于和客户建立关系。通过一些小细节来发现客户个人喜好，之后在一些节日里为客户挑选礼物。一些符合客户喜好的小礼物是一种很好的传递情感的方式，客户会为此感到贴心。切忌不能赠送太过贵重的礼物，否则赠礼的性质就容易变为贿赂了。

16.4　与客户交流的注意事项

成功接近客户只是一个起点，要想进行成功的客户沟通，我们需要在交流时留心各种注意事项。

1. 与客户交流时要保证资料完整、用语专业、信息准确，语言和动作恰当得体

在对客户进行产品介绍时，要能准确说出公司宗旨、产品特点、相关的促销活动等，尽量使用专业性名词，表述时使用恰当的口头和肢体语言。只有让客户觉得销售人员很专业，他们才会对销售人员产生信任感，对公司产生信任感。

2. 描述竞争对手时客观全面、说话体现自身修养

虽然对手公司与销售人员所在的公司是竞争关系，但是给对手应有的礼貌和尊重，是体现自身专业性及个人修养的关键。如果与客户交流时一味贬低对手，抬高自己，会使客户感到不够客观，同时降低信任程度。销售人员在对自己公司及产品进行了解的同时，也要对竞争对手公司及其相关产品进行详细的了解，并将双方进行各方面综合比较，向客户介绍时，要做到客观全面，体现商业道德素养。这样可以为客户留下良好的印象，增加客户对公司的好感。

"腹有诗书气自华"，外表得体外，人的内涵也是关键。而内涵是靠不断学习与积累得到的，进行广泛的阅读，提升自己的语言功底和口才，在与客户交流时才能够体现自己的文化修养，客户自然而然更愿意花时间交流。

3. 记录与客户交流的情形和内容

每次谈话后记录客户信息以增加了解程度。如果是十分重要的客户，可以在谈话时使用录音笔，防止遗漏重要信息。平时与客户进行交流时，要养成带笔和纸的习惯，善于从客户言谈中提取关键信息。这些信息便于在下次与这位客户交流时结合其习惯、饮食爱好赠送礼物，同时予以适当关心。

在每次与客户交流后，为了方便整理，可以建立客户访谈记录表，内容包括访谈时间、访谈地点、访谈对象、谈话重点等。记录与客户交流的情形和细节，不仅能增

加对客户的了解程度，记录下客户感兴趣的关注点，便于后期工作进一步进行。同时，有了访谈记录，可以防止前后谈话内容重复或不一致，有利于提升工作效率与准确性。通过这些记录，还能够总结自己近期工作，查看预期目标是否完成，并且对下一步工作如何开展进行规划。

16.5　打动客户"心"的服务

1. 询问需求，处理投诉

（1）积极询问，满足需求。

首先要通过观察、询问来了解客户的需求并在服务过程中满足客户的需求。

保持微笑，用良好的礼仪去引导客户。当客户在了解产品和服务的时候，销售人员要主动询问"请问您对这个这个感兴趣吗？""您眼光真好，这个是我们今年的新款"等。在客户观察产品的时候，销售人员需要和客户互动，让客户感受到公司的服务态度。客户购买的不仅是产品的实用价值，还有功能之外的附加的价值，而附加的价值之一就是公司人员的服务态度。

不管客户看什么样的产品，都应该得到同样的服务态度。即使客户只对折扣产品感兴趣，销售人员也要热情地为客户介绍该产品的信息，要辨识并满足客户的需求。

（2）处理心情，处理投诉。

有一种说法是："当有 100 个人对产品不满意时，只有 4 个人会选择投诉，剩余 96 个人都会保持沉默"。这是一个可怕的现象，也就是说实际情况可能要比我们看到的反馈糟糕得多。要解决这样的问题需要公司重视对客户投诉的处理。

处理投诉时要先处理客户的心情，要了解客户抱怨的原因以及抱怨的方式，而不是同顾客争论。要认同顾客的感觉，给顾客怀疑的权利，承认错误而不要过多辩解，要表明公司是在从顾客的观点出发认识问题。

通过客户的眼睛看待问题，并询问他们认为问题出在哪里。然后阐述解决问题需要的步骤，在不可能当场解决投诉的情况下，要告诉客户公司将计划如何行动，这可以表明公司正在采取修正的措施。然后让客户了解进度，如果客户知道目前的情况并收到定期的进度报告，那么他们将更易于接受处理结果。最后还要坚持重获客户的信念。当客户感到不满时，公司所面临的最大的挑战是恢复他们的信心和修复彼此的关系，这需要公司用良好的服务态度去满足客户的需求，化解客户的不满、平息客户的愤怒，避免问题的再次发生。出色的补救工作有助于提高客户的忠诚度，为公司建立良好的口碑。

（3）理解心态，超越期待。

要清楚客户需要的是什么，客户对某个东西的需求绝不是单一层次的，而是复合型的。

比如客户想购买一个水杯，那么水杯盛水的功能就是客户的基本需求，杯子的包装设计则是第二层次的需求，品牌是第三层次的需求。客户的需求很难被单一层次满足，一款没有设计感的杯子很快就会被淘汰；没有品牌效应，只有外观设计的杯子在多元化的时代也很难在竞争领域占据优势。

作为消费者，还需要的第四个层次是售后，对于品牌产品，消费者往往会关注产品的售后，这样，消费者在使用产品时会更放心。第五个层次是超出客户期望值的（unexpected）东西，即产品有消费者完全没想到的功能。

要超越客户的期望，就要有行动，打动客户的服务，必须要从心做起。只有用心，才能站在客户的立场和角度去思考；只有用心，才能关注和理解客户的个性化需求；只有用心，才能做到超越客户的需求。当真正用心为客户提供服务时，就会发现，客户没有想象中那么难以打交道；当尽心尽力地为客户服务时，客户简单的一句谢谢，都是一种工作的回报，这就是客户带来的最好的礼物。用心服务，让企业、客户融为一体。

2. "不是卖东西，我是帮你买东西"的销售理念

【经典案例】

2009年，有一位客户想买一套房子，在看房子过程中遇到了销售员小徐。小徐的销售过程深刻地践行了"我不是卖东西，我是帮你买东西的"这句话。

① 小徐完备地介绍了此处房子的各种优缺点，带着客户实地考察，并且提出了各种建议。他根据几种户型的优缺点，向客户说明不同户型的适用的情况，让客户做出自己满意的选择。

② 在客户看好户型后，小徐建议客户先把房子订下来，并且告知订金可以退，扫除客户的后顾之忧。

③ 后来有人也看了客户看中的这套房子，小徐马上联系客户提醒赶快买下房子，以免被别人买去，为客户着想。

④ 小徐听说客户现在家中经济较为困难，在详细了解客户家中情况后，小徐为客户提出建议：可以用现住的房子做抵押，向银行贷款。而且小徐还向客户推荐了一家她熟悉的银行，并让自己的亲戚帮忙办理各种手续。不到一个月，贷款就成功办理了下来，为客户了却了烦心事。

⑤ 付款时小徐建议客户借些钱交足需要的款项，这样可以帮客户省下5%的全额付款折扣。前前后后小徐一共帮助客户省下来12万元左右，这是实实在在地为客户谋利益。

⑥ 隔壁房子卖出后，小徐又联系客户，告诉客户其邻居的情况，并且相信两家也能和睦相处。

⑦ 得知隔壁房子要装修，小徐又提醒客户与隔壁住户商量一下是否打一个地下室。

⑧ 最后，小徐打算要离职，与客户告别，并把自己的同事介绍给客户，告知客户以后有什么事可以找她的同事帮忙。

从这个案例中，我们可以看出小徐有着极强的销售能力。她总是为客户着想，她

并不是像卖房子的，而更像是一个为客户买房子的，真正做到了"告诉你是我的责任，买不买是你的权利，选不选择是你的喜好"。

在与客户交流的过程中，小徐熟悉他所卖的产品的各种特点，在介绍各种户型时，不光说出了每种户型的优点，并且准确地指出了该户型的缺点，为客户选择提供充分的依据，在与客户交谈过程中准确抓住了客户最想了解的点，为客户选择最优的产品。在交谈的过程中，时常与客户联系，始终让客户有优越感，充分尊重客户的意见，替客户解决问题，了解客户的行业特点，知道困扰客户的瓶颈问题是什么，及时反馈产品改进方案给客户。

16.6   对不同的客户使用不同的接近技巧

要把产品推销出去，肯定要取得客户的信任，让客户产生信任的前提是要引起他的注意，而在短时间内引起客户关注的关键是"一击即中"，要学会识别客户的心理底线，并且要精准抓住这条线，将其引申到产品的购买上去。如果销售人员迟迟不能抓住要点，而是说一些在客户看来无关紧要的事情，那么客户只会觉得这是在浪费时间。所以在短时间内抓住客户的心理底线是相当关键的。但是不同身份的人会有不同的心理底线，这个时候销售人员所需要运用的接近技巧也要随之而变，这就需要拥有察言观色的能力了。

在这里，我们把可以入手的方向大致分为两类：

1. 从客户的家庭角色入手

先举个例子，如果公司的产品针对的人群是儿童，销售人员肯定要把客户范围锁定在儿童的长辈，而不是儿童本身，毕竟他们没有购买力。如何判断一个成人家中是否有需要产品的儿童呢？首先，可以看年龄，一般来说三十岁以上的成人家中都是有小孩的。其次，可以看看是否带有与儿童相关的配饰，比如孩子的照片或者手工作品等。在这样的人中，女性特别是母亲大多对和孩子有关的事情格外敏感和上心。当销售人员锁定一个目标客户并且基本确定她家有小孩子时，他可以瞄准时机上前搭话，比如销售人员看到她手机屏保是小孩子的照片，他可以走上前去攀谈："这是您女儿吗？长得真可爱。"一旦客户开始与销售人员交谈，商品的销售就开始往好的方向发展了。

总之这需要销售人员灵活处理，随机应变，但一定要一击即中。例如，要精准抓住一位母亲的心理，就不能说一些她并不感兴趣的不着边际的话题。如果销售人员与一位母亲大谈数学、天文之类的话题，恐怕她只会觉得莫名其妙。

对于此类需要从家庭角色入手的客户，销售人员需要适度赞美，语言要尽量生活化，但是又不能过于窥探别人的隐私。同时也要结合有关产品的专业知识，保持亲切而专业的态度，一步一步深入接触。日用品、保健品、家用电器等许多类型的产品推销都可以从这个方面入手，同时比较有针对性的产品比如早教机、轮椅等也可以采用这种方式。

2. 从客户的职业入手

从这个方面入手主要考虑产品的针对人群和专业性，比如笔记本电脑、计算机、打印机等。这需要对相关职业有一定的了解，这些都来源于平时的积累和观察。在这种情况下，专业度需要很高，才能得到专业人士的信任。如果销售人员一出口就被别人识破专业水平不足，那客户对公司就会充满质疑，更别提购买公司的产品了。

所以，在面对不同身份的客户时，要根据客户身份的变动和特点对接近技巧进行改变，这不仅需要有洞明世事、察言观色和随机应变的能力，更需要长时间的积累，包括对各种职业的了解，还有各方面知识的涉猎。只有这样，销售人员才能和客户就其感兴趣的方面进行谈话，一击即中，获取客户的信任。

客户沟通是企业与客户之间的交流，对实现企业目标、提升客户满意、维护客户关系等方面至关重要。企业与客户的关系主要分为利益关系、社交关系和结构关系。通过本章的学习，掌握在与顾客建立不同层次关系的过程中，面对不同类型客户时接近客户、了解顾客并通过沟通打动顾客、与顾客建立关系的技巧。

【学习训练营】

顾客李女士到外地出差，在浏览了旅游网站以后，发现 TW 酒店属于高端舒适的精品商务酒店，环境不错，服务周到，于是便下了订单。但到达该酒店以后，却被告知她没有预订房间。在与前台僵持了一会儿以后，前台再次查看客房预订信息发现，其实是之前输入李女士的身份信息有误，已经可以查到李女士的订房信息。此时李女士内心已经有些不舒服，但本着"人非圣贤，孰能无过"的想法，李女士选择了谅解，转身上楼休息了。

但是在晚上六点下楼就餐时，又发生了让李女士十分不开心的事情。李女士在自己的食物里吃出了一节钢丝球丝，这让李女士觉得万分难受，于是她找到了餐厅的服务员投诉，但餐厅服务员仅仅是敷衍了事。回房间以后李女士越想越难受，看着整个房间都觉得不舒服，一气之下就开始收拾东西，下楼退房。

在明白事件原委后，小刘迅速判断出李女士的内心诉求。对于这类注重自身被尊重需求的客人，一定要让客人感受到酒店的真诚与充分的尊重。于是在李女士的情绪冷静下来以后，他首先向李女士的不幸遭遇表示抱歉，并且向李女士承诺，今天的现象仅仅是个例，不代表整个酒店的真实水平。并且将自己所想到的针对李女士遭遇的问题的解决方案告知了李女士。同时，小刘还提出将会给予李女士免去部分房费并赠送小礼品的补偿。最终，李女士愉快地回到了自己的房间。在第二天李女士正式退房时，小刘再次与李女士进行了沟通，当询问李女士对酒店是否满意时，李女士做出了肯定的回答并且表示，此前她住其他酒店的时候也发生过类似的事情，但当时她要求退房，前台就直接退房了，并没有任何人出面询问她的退房原因，因此，她再也没有去过那家酒店。但 TW 酒店不一样，她表示以后来这里出差，还会选择入住 TW 酒店。

把客人从投诉的边缘拉回来变成忠诚的顾客，真心实意地满足顾客的要求是最好的解决办法。

> **思考**

1. 在于客户沟通的过程中，小刘掌握了哪些技巧？
2. 结合本案例，在客户负面情绪较强时，如何进行有效的沟通？

1. 想自主创业的人该如何与客户建立关系？

2. 你认为接近顾客技巧中哪一条最重要？

3. 在简单记录与客户交流内容时应该侧重哪些方面？

4. 如何在顾客负面情绪较强的时候进行有效的沟通？

5. 如果对客户的定位错误（比如对他的职业、爱好判断错误，甚至在不知情情况下触犯到他）造成尴尬怎么办？

【笔记栏】

第十七章

危机沟通

案例导入

　　2020年1月27日，钉钉CEO陈航力排众议，毅然决然地免费开放在线课堂。然而被迫上课的学生们却直接把愤怒的矛头直指钉钉，2月3日起，"00后"学生们策划了一场应对"在家上课计划"的"一星计划"，来自学生们的一星差评让钉钉的评分从4.4分呈断崖式下降至1.4分。到2月10日，钉钉不仅评分降至历史新低，更面临着品牌形象重塑的严峻问题。"名誉受损"的钉钉如何面对这场公共危机，又将如何重塑品牌形象呢？

　　面对来势汹汹的"00后"群体，钉钉并没有采取强硬的沟通方式，而是来了一波危机公关"组合拳"，其核心要点就在于，钉钉，把自己放到了与"00后"的同语境下，跟着"00后"说着当下网络流行的话，表情包、视频都用上了：2月9日，钉钉在官微上线了征集"表情包"的活动；11日，发出了第一波九宫格表情包。14日，钉钉官方在官微发出一个自制表情包，并配以2个"跪了"的表情符号。这条微博的点赞评论转均比一般的微博都要高出很多。同时，钉钉CEO陈航在钉钉的5.0新品见面会上表示，钉钉团队会虚心接受小朋友们的意见，让在线课堂能够做到寓教于乐、快乐上课。陈航说："实际上小孩子天性喜欢玩，要是我小时候天天上网课，说不定我也很讨厌这件事情，也会打一星。"

　　2月16日之后，钉钉以各种方式几乎占据了哔哩哔哩弹幕视频网站（B站）推送和排行榜，站内与"钉钉"有关的视频观看量几乎全是百万起步。更多的网友紧跟热点，出于好玩的心态相继发布与钉钉相关的视频，这使得很多原本不会用到钉钉的人注意到"钉钉事件"，进而给钉钉带来其他领域的流量与更广泛群体的关注。

来源：中华管理案例共享中心

17.1　危机沟通的含义

　　危机沟通是个体或组织为了防止危机的发生、减轻危机造成的破坏或尽快从危机中得到恢复而进行的沟通过程，是处理潜在的危机或已发生的危机的有效途径。危机沟通可以降低企业危机的冲击，并存在化危机为转机甚至商机的可能。如果不进行危机沟通，小危机则可能变成大危机，对组织造成重创，甚至使组织就此消亡。危机沟通既是一门科学也是一门艺术，它可以取得危机中的"机"会部分，降低危机中的"危"险成分。

17.2　危机沟通的主要障碍

1. 缺乏危机沟通意识

管理者认为危机是其他人和其他公司的事，不会降临到自己头上，自己无须预测危机，更没有必要做任何危机前的沟通准备。一旦危机发生，就会措手不及，不知与谁沟通，也不知如何沟通。

2. 封闭式的组织文化

组织内部缺乏有效的纵向和横向沟通，组织外部缺乏与利益相关者和其他相关组织或机构的沟通。危机一旦发生，组织内部就会一片混乱，气氛紧张，人心涣散；组织外部更是谣言四起，各种压力纷至沓来，使事态进步恶化。

3. 缺乏预警系统

危机降临前，都会发出一系列预警信号，如媒体或公众的评价、组织成员之间的互相埋怨、顾客投诉的增多、审计部门的批评等。但由于缺乏危机预警系统，不能捕捉到这些信号，致使危机在毫无防备的情况下突然发生。

4. 不善倾听

第一线员工或主管是最初的危机感应者，但当他们将自己的担忧和意见向上反映时，上司却不以为然，更不用说采取任何积极的措施了。

5. 提供虚假信息

大多企业都存在"报喜不报忧"的倾向。即便在危机发生时，他们惧怕事态扩大而不与媒体或公众沟通，或者不愿透露真实情况，或者提供虚假信息，或者做表面文章，不进行实质性的有效沟通，从而陷于被动，错失在危机发生的第一时间与相关各方面进行有效沟通的机会。

6. 缺乏应变能力

平时较为平稳正常的公司运作，导致公司缺乏沟通意识以及危机前的准备，一旦危机来临就显得措手不及而无以应对，最后导致危机管理失控。

17.3　危机的类型

1. 人力资源危机

企业中高层管理人员的意外离职，有时会给企业带来非常直接和巨大的损失，因为他们熟悉企业的运作模式，拥有较为固定的客户群，而且离职后只要不换行业，就会给原企业的经营发展带来较大的冲击。

2. 产品/服务危机

客户购买企业的产品或者服务后，在使用的过程中发现问题，产生不满情绪，进而向企业投诉。如果处理不当，会引发媒体危机、客户危机，以及后续的经济抵制、索赔、诉讼等诸多连锁性危机；如果处理得当，则有助于企业的技术创新。

3. 领导危机

领导者（特别是新上任的领导）的能力、知识结构与行业发展不匹配时，企业的发展会受到巨大的阻碍，如果领导者不能更新知识，实现自我发展，领导者的决策将会给企业带来损失，甚至企业内部将会出现混乱。

4. 财务危机

企业一旦出现资金链断裂，轻则因缺乏现金流而中断经营，重则企业深陷财务危机的泥潭从而破产倒闭。

5. 安全事故与公共危机

安全事故主要包括企业安全事故和产品安全事故这两类，前者是企业内部由于安全隐患导致的安全事故，后者是由于产品的安全性不够对消费者的人身安全造成威胁。

17.4　危机沟通的过程

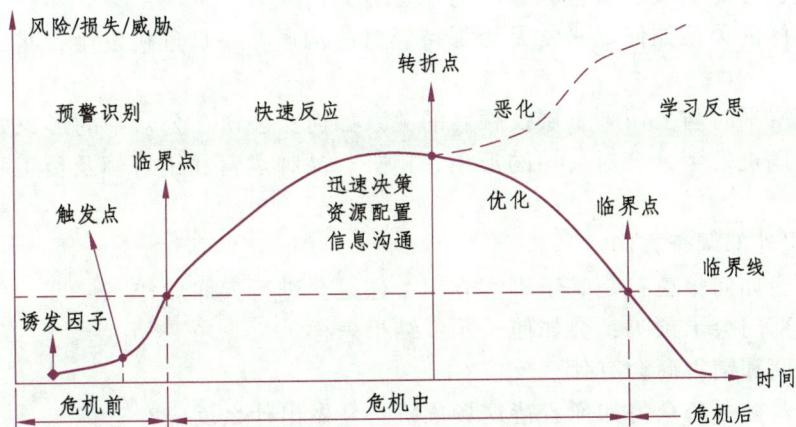

图 17-1　危机沟通的过程

1. 危机爆发前

多数危机在爆发前都会出现或多或少的预警信号。作为企业的管理者，要能识别危机的信号，预警企业危机的到来，从而给企业争取应对危机的准备时间，让企业更好地应对即将来临的危机或者避免危机的出现。

以下是一般的危机爆发前的征兆：

·竞争对手日益强大；

- 库存累积，产品积压；
- 客户投诉，索赔增加；
- 财务指标恶化；
- 发展速度过快；
- 人力资源负担过重；
- 企业领导人成为热点新闻人物（负面）；
- 企业被媒体频繁地做负面报道；
- 企业销售额连续下降；
- 企业利润下降。

危机前沟通大致包括危机调查和危机预测两方面的内容。

（1）危机调查。

危机调查就是通过民意测验、问卷、形象调查及交叉审计等调查研究方法，与组织内部和外部进行广泛的沟通，以了解企业的处境和现状。

危机调查包括组织内部的调查和组织外部的调查两个方面。

① 组织内部调查方向。

- 组织当前发展的瓶颈？
- 存在什么主要问题？问题能否得到解决？如解决不了，会否成为危机隐患？一旦危机发生，是否具有处理危机的能力？
- 组织成员是否具有较强的危机意识？
- 对危机可能造成的损害和破坏的承受力如何？
- 与媒体的关系如何？平常是否保持经常的沟通？一旦危机发生，将如何与媒体合作？
- 管理层平时与公司上下层及顾客的关系如何？公司在公众中的形象如何？
- 一旦危机发生，会对公司的形象、信誉、品牌运营和销售额及员工利益造成多大影响？

② 组织外部调查方向。

- 媒体会如何报道：是基于事实介绍，还是会进行大肆炒作？
- 政府部门会干预吗：会如何干预？结果怎样？
- 供应商和销售商会有什么反应？
- 顾客及社会公众将如何看待这场危机？会做出什么反应？

（2）危机预测。

危机预测就是将各种凌乱的资料和信息加以整理，并进行分析，根据所得出的分析结果做出科学的预测以确定危机爆发的可能性，并为有效避免或处理危机做好思想上和措施上的充分准备。危机预测是建立在一定的假设的基础上，根据所假设的状况及应变措施将危机影响具体化，以测定危机影响值。

危机影响值是在没有外界干预的情况下，对危机发生后所产生的损害做出的评估。可以聘请专家，让其对设定的若干指标发生的概率，以及在发生危机时可能会产生的影响值做出主观评估。

表 17-1　危机影响评估调研表

假设性问题	危机影响值	危机发生概率
	0.1······ 10	0.01 ······ 1
Q1　劳动力缺乏		
Q2　股价大幅度下跌		
Q3　商业信息泄密		
Q4　主要原材料供应中断		
Q5　管理层丑闻		
Q6　关键人才流失		
Q7　故意破坏		
Q8　工伤事故		
Q9　谣言诽谤导致公司声誉受损		
Q10　产品伤害		
Q11　恐怖事件		
Q12　自然灾害		

　　表 17-1 中包含了 12 个能够全面反映危机影响的指标，由专家对这些假设指标打分。危机造成的影响越大，则危机影响值越高，最大值为 10，最小值为 0。在对危机发生的概率进行评分时，采用数值表示潜在危机发生的概率，最小值为 0，表示不可能发生；最大值为 1，表示一定会发生。

　　利用危机预测坐标图（见图 17-2），可以直观地看到危机发生的概率和影响值。如果潜在的危机评分进入到 I 区，就需要引起高度的重视并立即研究应对危机的措施，制定实施方案，直到摆脱危机。

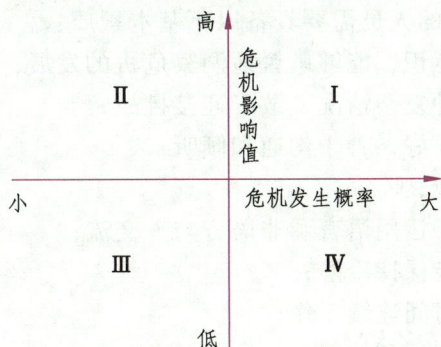

图 17-2　危机预测坐标图

2. 危机爆发初

这是危机开始造成可感知的损失阶段，危机征兆不断显现。管理者应充分重视，采取适当、有效的措施，将危机消灭在萌芽阶段，将危机所造成的损失降到最低。

出现危机初，管理者需要做出迅速反应，确认沟通对象，并做出对策，做好应对前的准备工作以及初步的沟通演练。

（1）确认沟通对象。

企业的公共关系面临诸多方面的挑战，利益相关者包括客户、政府及主管部门、新闻媒体、社区、内部员工和股东等。

（2）做好沟通准备工作。

① 设立危机控制中心：高级主管负责；

② 设立危机新闻中心：准备新闻发布会、接收新闻媒体电话；

③ 确定信息传播所需媒介；

④ 掌握报告的主动权；

⑤ 准备好企业背景材料；

⑥ 准备足够受训人员应对。

（3）危机沟通训练。

在给企业每个应对危机部门分配好工作后，即可以开始进行相应的沟通训练，提升企业人员应对危机的能力和素质（见图 17-3）。

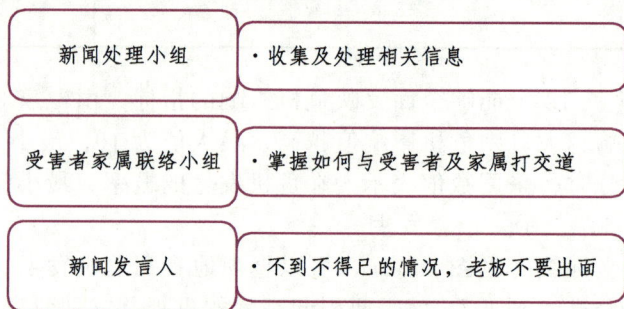

新闻处理小组	·收集及处理相关信息
受害者家属联络小组	·掌握如何与受害者及家属打交道
新闻发言人	·不到不得已的情况，老板不要出面

图 17-3　危机沟通训练

其中，进行危机沟通的人员需要具备以下基本素质：

① 具有强烈的危机意识，能够敏锐地洞察危机的发展；

② 能够灵活应对各种复杂情况，敢于迎接挑战；

③ 口齿清晰，口才良好，善于沟通和倾听；

④ 在公司中拥有权威；

⑤ 富有同情心，善于运用语言和非语言与人交流；

⑥ 在外界压力下，能保持冷静；

⑦ 精力充沛，能长时间连续工作；

⑧ 拥有危机沟通的知识和技能。

3. 危机爆发中

此时，危机造成的破坏十分明显，对组织及个人造成持续的、无可挽回的损害，危机的九大特征表现得尤为突出。这一阶段危机处理的有效与否取决于组织管理者是否进行及时有效的沟通。管理者应正视危机，采取措施，防止继续蔓延，其沟通步骤一般为5步。（见图17-4）

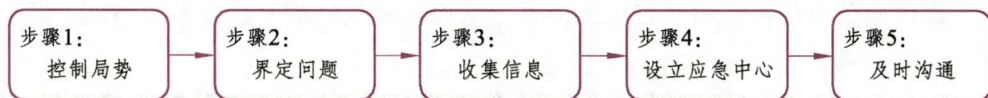

```
步骤1:      步骤2:      步骤3:      步骤4:        步骤5:
控制局势  →  界定问题  →  收集信息  →  设立应急中心  →  及时沟通
```

图 17-4　危机初的沟通步骤

（1）步骤 1：控制局势。

保证组织有秩序地去应对危机，及时弄清问题的真正症结，并设定可度量的沟通目标。

（2）步骤 2：界定问题。

危机产生的主要原因是什么？危机发展的状况及趋势如何？受影响的公众有哪些？他们可能希望通过什么样的方式解决？

（3）步骤 3：收集信息。

尽量多地收集相关信息，以期了解危机产生的真相，为化解危机提供决策依据，为危机沟通提供信息支撑。

（4）步骤 4：设立应急中心（具体步骤见图17-5）。

在收集各方信息的同时，应立即设立危机应急中心并让它有效运转起来，使之成为所有沟通活动的公共平台；同时，指定一名发言人，负责对外沟通联络。

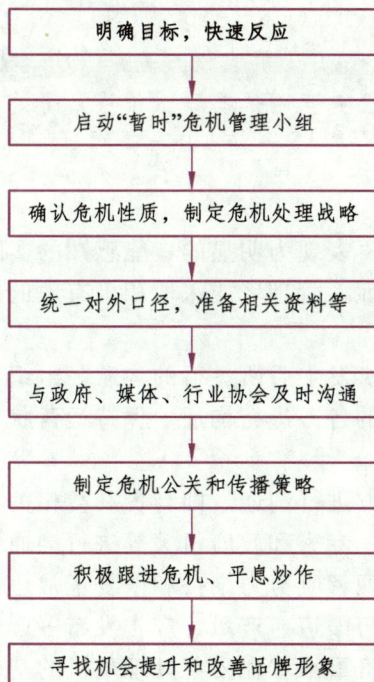

```
明确目标，快速反应
      ↓
启动"暂时"危机管理小组
      ↓
确认危机性质，制定危机处理战略
      ↓
统一对外口径，准备相关资料等
      ↓
与政府、媒体、行业协会及时沟通
      ↓
制定危机公关和传播策略
      ↓
积极跟进危机、平息炒作
      ↓
寻找机会提升和改善品牌形象
```

图 17-5　危机中的具体步骤示例

（5）步骤5：及时沟通。

为了有效控制危机局面，组织需要与媒体、内部员工、内外部利益相关者和组织及社会公众沟通；应该积极主动发布信息，引导舆论，稳定公众情绪，为化解危机营造良好的条件。

特别是在危机给生命和财产造成了威胁的情况下，应努力通过各种渠道，特别是借助于媒体向公众传播正面、客观的信息，从而减轻危机给人们带来的恐惧，以及由恐慌带来的危害。

【经典案例】A网络公司状告B食品公司事件

某市一区人民法院接到一封起诉书。A网络公司称，B食品公司在A网络公司投放了千万元广告，但无视合同内容，长期拖欠广告费不予以支付。A网络公司被迫依法起诉，申请冻结对方应支付的欠款金额。

但B食品公司称，公司从未与A网络公司或授权他人与A网络公司就B公司品牌签署《联合市场推广合作协议》，且从未与A网络公司进行过任何商业合作。

随后，经初步查明，系3人伪造了B公司印章，冒充该公司市场经营部经理与A网络公司签订合作协议试图非法获取经济利益。目前，3人已被刑拘。

这一次A网络公司可谓是闹了个"大乌龙"，作为一家知名企业，竟被三个诈骗犯耍的团团转，而且还大张旗鼓地闹上了"公堂"。但是A网络公司的公关团队这时站了出来，采取了十分巧妙的一招——"卖萌式自黑"。

A网络公司在社交网络上发布动态并运用大量网络平台，把自己塑造成一个憨厚、蠢萌的形象。

A网络公司公关把这种"憨厚"的人设形象，巧妙地植入到了各个公告的图文中，刻意回避了一本正经写危机公关声明的套路，收获了奇效。

4. 危机爆发后

危机发生后的阶段，不再表现为明显的、能感知的实际破坏，而是表现为逐渐潜行而至的危机所导致的后遗症。管理者应采取积极有效的措施，消除影响，使个体和组织早日恢复元气。

危机后的沟通是指在危机发生后所进行的沟通。组织与管理者在这段时期的沟通努力应包括：与受危机影响的各方进行沟通、保持运营状态、制订计划以避免危机重来。（见图17-6）

（1）与受危机影响的各方进行沟通。即与各利益相关者如职工、顾客、股东、社团、供应商、紧急救援机构、专家和政府机关等进行沟通。

（2）保持运营状态。管理者应努力维持和恢复正常运作，并考虑危机是否对公司的其经营活动，如信誉、销售渠道、产量、广告发布等产生影响。

（3）制订计划以避免危机重来。在妥善处理危机的基础上，负责沟通的部门应在主管领导的协调下，制订周密的计划和对策，以防止危机再度重来。

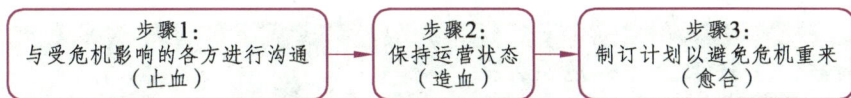

图 17-6　危机后的沟通步骤

17.5　危机沟通的原则与策略

1."4S"原则

SORRY：公众关注的不仅仅是事情真相，更关注当事人对事件处理的态度。

SHUT UP：始终把企业形象放在首位，了解公众，倾听他们的意见，确保把握他们的情绪，设法使公众的情绪向有利于企业的方向转换。

SHOW：重视与消费者的沟通，与新闻媒体保持良好合作关系，主动把自己知道的展示给公众，不要试图愚弄公众。

SATISFY：公众利益至上，尽量站在消费者角度考虑问题，解决方案尽可能与他们的期望一致。

2. 危机沟通的策略

（1）加强培训。

为了掌握特有的危机处理知识和技能，可采用情景模拟训练，即通过设定一个危机发生的情景，使组织成员可以体验危机发生时的感受，这样可使组织成员提高危机意识，减少或消除危机所带来的紧张和恐惧情绪，增进成员之间在危机中的合作和沟通意识，从而提升危机应变能力。

（2）建立危机预警系统。

企业危机预警系统就是在掌握现有可能导致危机的信息的基础上，分析企业潜在的危机，建立明确的判断标准；也可以通过数学模型，对企业危机进行适时的跟踪、评价、控制并及时发出警报。通过建立完善的预警系统，可以增强企业的免疫力、应变力和竞争力，做到防患于未然。

（3）诚信至上。

面对危机应该以诚相待，只有这样，才能克服困难，化危机为转机。

当企业出现危机，特别是出现重大责任事故并导致公众利益受损时，企业必须承担责任，特别是在企业进行善后处理时必须信守诺言，以诚待人。只要顾客是由于使用了本企业的产品而受到了伤害，企业就应该在第一时间向顾客道歉以示诚意，并给受害者以相应的物质赔偿。对那些确实存在问题的产品应该不惜代价迅速召回，同时要迅速有效地采取措施改进企业的产品或服务，以表明企业解决危机的决心。

当企业面对危机时，应该以社会公众和消费者的利益为重，迅速做出适当反应，及时采取补救措施，并积极主动地以该事件为契机，因势利导，化解危机。这样，不但可以迅速恢复企业的信誉，而且可以扩大企业的知名度和美誉度。

（4）创建开放式组织文化。

无论对内部成员，还是对外部社会，组织都应该以开放的姿态与他们进行坦诚的沟通，积极倾听并重视来自方方面面的意见和建议，并及时纠错。建立、健全有效的组织沟通机制，保持内部纵向、横向沟通渠道畅通无阻。

在危机发生前，与组织外部社会，包括媒体、政府、社区、公众等相关方面经常保持积极主动的沟通。一旦危机发生，要认识到主动告知真相的重要性，避免虚假信息、避免自我蒙蔽，勇于为自己的产品和行为承担责任。只有这样，才能赢得大家的理解和帮助。

3. 与媒体沟通的策略

（1）判定沟通政策。

在着手进行危机沟通之前，应预先拟定一个系统而完善的沟通政策，尤其是对于媒体和公众普遍关心的问题，应该有一个明确一致的沟通口径，从而确保统一对外，避免信口开河，镜前失言。

（2）做好充分准备。

有关事实和数据要做到了如指掌。

（3）与新闻界保持良好关系。

（4）正确应答。

回答问题要简洁明了，避免跑题。

尽量引用客观事实和具体数据，以增强说服力。

回答问题时，应有意识把话题朝着有利于正面介绍企业的方向引导。

切忌重复他人所说的不恰当的话，以避免被人断章取义，恶意中伤。

（5）把握时机。

（6）出言谨慎。

口若悬河、信马由缰是面对媒体的大忌！在媒体面前应出言谨慎，不能仓促回答或发表评论。

（7）掌握主动。

面对媒体，应努力掌握主动权，避免被问题牵着鼻子走。要根据自己的意志发表意见，也可以回避不愿谈的问题。

注意地点（安静的地方）、时间（合适的时间，并主动终止采访等）和选择比较友好的记者提问（以避免尖刻刁钻的提问者）等。

（8）注意非语言沟通。

如在接受电视台采访时，着装应以保守式样比较好；站姿或坐姿以自然放松为好；面部不要显出紧张、拘谨的神情；眼睛更不要东张西望，要显得自然、自信、真诚。

【沟通小贴士】与媒体沟通的"3T"原则

Tell your own tale：以我为主提供消息。

Tell it fast：尽快提供消息。

Tell it all：提供事件的全部情况。

近几年，全球出现危机的企业屡见不鲜，几乎所有领域的企业都经历过或正在面对着不同类型的危机。对企业来说，危机既是"危"，也是"机"，如果不进行危机沟通，小危机则可能变成大危机，对组织造成重创，甚至导致组织的消亡。危机沟通既是一门科学也是一门艺术，通过本章的学习，能够了解和掌握如何在危机爆发前进行调查、预测和准备；如何在危机中做出迅速、恰当、有效的反应，如何在危机发生后消除影响，最终将损失降到最低，使个体和组织早日恢复元气。

【学习训练营】

面对危机，企业各级管理者的态度及反应速度，即危机管理中的执行力，将会决定企业能否妥善处理突然事件，甚至在一定程度上决定企业的生死存亡。

2000年11月15日，国家药品监督管理局发布《关于暂停使用和销售含苯丙醇胺的药品制剂的通知》。根据此项通知，国内15种含有苯丙醇胺（PPA）的感冒药被停止使用和销售，当时，中美史克天津制药有限公司的康泰克作为国内感冒药的第一品牌，在这一事件中受到的冲击最大。以至于当时很多媒体都直接将PPA和康泰克相提并论，甚至将PPA等同于康泰克。

面对突如其来的危机，中美史克公司处乱不惊，在事件发生后迅速成立了危机管理小组，调集精兵强将开展危机公关和危机处理。而新闻内容的准备和发布，成为这次危机公关的一个重点：

16日，也就是"PPA风波"发生的第二天，中美史克就迅速公布了给消费者的公开信，信中表示坚决执行政府法令，暂停生产和销售康泰克；停止广告宣传和市场推广活动，并公开承诺："为切实保障人民群众的用药安全，我公司愿意全力配合国家药政部门的有关后续工作。"表现出了解决危机的诚意。

17日中午，中美史克召开全体员工大会，总经理杨伟强向员工通报了事情的来龙去脉，表示了公司不会裁员的决心，赢得了员工空前一致的团结精神。同日，全国各地的50多位销售经理被迅速召回天津总部，危机管理小组深入其中做思想工作，以保障企业危机应对措施的有效执行。

18日，销售经理们带着中美史克给医院的信、给客户的信回归本部，危机公关行动在全国各地按部就班地展开。

20日，中美史克公司在北京人民大会堂召开记者恳谈会。为准备这次记者恳谈会，之前的4天里中美史克的管理者与他们的新闻顾问一起，针对媒体铺天盖地的报道分析其中所有记者可能提出的问题，提炼成题库，然后一遍遍地演练如何有理有据地回答。会上，中美史克表示将全部回收市场上的康泰克，这样的姿态，使中美史克在媒介面前留下了一个良好的印象，随后媒体的报道开始转向对PPA的理性介绍方面。

21日，公司开通了15条消费者热线，中美史克专门培训了数十名专职接线员，负责接听来自客户、消费者的问讯电话，做出准确专业的回答以打消其疑虑。之前，中美史克通过媒体把热线号码告诉了消费者。

不久之后，中美史克又通过媒体宣布将全部销毁价值一个多亿元的库存，并且回收康泰克。

这一系列的应变措施，都及时通过媒体传达给了广大消费者，有效地维护了康泰克的品牌影响力，同时也树立了中美史克勇于承担社会责任的良好形象。由于危机应对得当，中美史克虽然损失巨大，但却没有倒下。

能够看出，中美史克的危机管理措施是迅速且卓有成效的，正是这种危机管理上的一流执行力，让中美史克在"PPA风波"中的损失降到了最低。事后，总经理杨伟强也坦言，PPA事件之所以处理得较为成功，首先是得到了董事会对整个危机处理及后续计划的认可；其次是拥有一支上下拧成一股绳的队伍。依靠公司培育出来的上下同心、执行力超强的团队，中美史克才安然度过了一场重大危机。

思考

在该案例中，中美史克采取了怎样的危机沟通方法？

【自我技能测试】

你会正确处理危机沟通吗?

对于以下每一个问题,请选择一个恰当的数字进行描述:

1—非常不符合。5—比较不符合。6—基本符合。7—比较符合。8—非常符合。

1. 在大多数危机面前,我能够保持冷静,迅速理清问题。

2. 我有居安思危的意识,会提前考虑一些可能出现的风险并思考对策。

3. 我能充分听取别人的意见,在危机发生前防患于未然。

4. 在危机面前,我是一个应变能力较强的人。

5. 我深知危机预警系统在一个企业或组织中的重要性并懂得该如何去建立。

6. 我深入了解过一些知名企业在危机中的公关策略。

7. 在危机沟通中,我能以诚恳、良好的态度处理问题,尽力维护企业形象。

8. 在危机沟通中,我会把公众、客户的利益放在首位,竭诚处理问题。

得分与解释

将所填写的所有数字加总得到你的测试分数,分数越高则说明你对危机沟通的了解越多。

得分为33~40分:你对危机沟通有过较深入的了解,这使得你比常人更善于处理这类问题。

得分为25~32分:你对危机沟通有一定的了解,能够处理部分危机问题。

得分为17~24分:你对危机沟通的内容偶有听闻,但不太能处理这类问题。

得分为8~16分:你对危机沟通的了解较少,需要加深这方面的学习。

【笔记栏】

第十八章

谈 判

余世维在一次授课时，忽然接到通知，演讲场地要他付出比原来多 2 倍的租金。而这个消息传来以前，讲座的票都已经发出去了，改变地点是不可能的了。余老师当然不愿意出这么高的租金，他要去交涉。怎样才能交涉成功呢？

他去找经理，说："听说你们想要提高租金，我感到十分震惊。不过，我非常理解你们。因为你的责任是让饭店尽可能地多盈利。但假如你坚持要增加租金，那么让我们拿来一张纸，把它给你的好处和坏处都写下来。"

"先讲有利的一面。大礼堂不出租给讲课的而出租给举办舞会、晚会的，这是十分有利的。这些活动给你带来更高的利润。"

"现在，来考虑一下不利的一面。首先，你增加我的租金，却降低了收入。因为实际上等于你把我撵跑了。其次，还有一件对你不利的事情。我举办讲座吸引了许多有文化的人到你的饭店来听课，这本身就是很好的免费广告啊。事实上，即使你花 5000 元钱在报纸上登广告，也不可能邀请这么多人亲自到你的饭店来参观，这难道不划算吗？"

讲完后，余老师告辞了，并说："请仔细考虑后再答复我"。第二天，场地经理答应将租金不变。

18.1 谈判概述

1. 什么是谈判？

谈判是为达到双方均可以接受的局面而采取的行动。当某一个人或群体的利益取决于另一个人或群体为追求自己的利益而采取的行动时，当双方所追求的各自利益需要以合作的方式才能得以实现时，就需要谈判。谈判是在反复磋商中达到一致的过程。

谈判一般发生在：双方均认为重要的、可能引发双方冲突的、需双方共同合作才能得以实现各自目标的情况下。它并非一定是对抗性的，通常是一种温和的交流。

2. 谈判的基本要素

谈判的基本要素可以划分为四大类：谈判主体（参与谈判的当事人）、谈判客体（谈判的议题及内容）、谈判目的以及谈判结果。（见图 18-1）

（1）谈判主体。

所谓谈判主体，是指参与谈判的双方（或多方）当事人。

在谈判中，主体资格问题十分重要，如果谈判的一方或双方不具备合法有效的主体资格，谈判的结果是无效的。如果谈判对方为一组织，则要注意审查对方是否具有独立的法人资格，派出的谈判代表是否得到了充分的授权。只有主体资格合法，谈判的结果才会受到法律的保护。

① 从谈判主体的所处的关系角度看，国际商业谈判的谈判主体包括谈判的关系主体和行为主体两大类。

·关系主体：指能以自己的名义参加谈判，又能够独立承担谈判后果的法人或自然人。

·行为主体：指有权参与谈判并且能通过自己的行为完成谈判任务的谈判代表。

其区别在于：

·谈判的关系主体直接承担谈判的后果，而行为主体不一定承担谈判后果。只有在两者一致的情况下，谈判的行为主体才承担谈判的后果。

·谈判的行为主体必须是有意识、有行为的自然人。而谈判的关系主体则不然，它既可以是自然人又可以是国家、组织或其他社会实体。

例如：甲乙原为夫妻，因情感不合准备离婚，双方就财产分割进行谈判，因相互之间矛盾较大，不愿直接面对，因此，乙委托丙与甲进行谈判。但无论谈判的情况如何，最终结果都要由甲和乙来承担，丙只是以乙的名义参与谈判，并不承担谈判的结果。在这里，甲和乙为关系主体，而甲和丙则为行为主体，甲同时兼有关系主体和行为主体的双重身份。

② 从谈判组织的角度看，谈判主体包括台上谈判人员和台下谈判人员。

·台上谈判人员：包括主谈人、谈判组长。

主谈人既为谈判桌上的主要发言人，也是谈判的组织者。其任务是亲自参与并组织谈判助手与对方进行辩论，将台下研究的谈判目标和策略在谈判桌上予以实现。

谈判组长为项目谈判班子的负责人，他虽不一定是谈判桌上的主要发言人，但有发言权，发言的主要内容一般是补充主谈人的论述，并在主谈人出现与方案明显误差时，做出修正以维护谈判目标的实现。谈判组长和主谈人可以是同一个人。

·台下谈判人员：主要指负责该项谈判业务的主管企业、公司或部门的领导，以及各种辅助人员。

领导人员需要做好以下工作：组好谈判班子、提出工作要求、根据谈判班子的汇报，审定谈判的阶段目标及终极目标。

辅助人员的工作包括资料准备和形势分析。资料准备是静态的信息准备，即必要的资料翻译、审阅、查找。形势分析则是动态的信息准备，即对各种谈判涉及的技术与经济条件进行比较分析并做出合理性判断。

（2）谈判客体。

谈判客体就是谈判的议题和内容。谈判议题，是指谈判需商议的具体问题，是各种物质要素结合而成的各种内容。谈判议题是谈判的起因、内容和目的，决定当事各方参与谈判的人员组成及其策略，是谈判活动的中心。没有议题，谈判显然无从开始和无法进行。

谈判议题不是凭空拟定或单方面的意愿,其最大特点在于当事各方认识的一致性。如果没有这种一致性,就不可能作为谈判议题,谈判也就无从谈起。进行谈判的双方需要通过谈判获得的利益具有相关性,谈判的议题包含了双方的利益,双方愿意就此进行协商。如果失去了这一点,就无法形成谈判议题而构成谈判客体。

商务谈判的议题可能涉及多方面的内容,它可以属于物质方面,也可以属于资金方面,可以属于技术合作方面,也可以属于行为方式方面。

（3）谈判目标。

谈判目标是指谈判要达到的具体目的。谈判目标指明谈判的方向和要达到的成果、企业对本次谈判的期望水平。谈判目标也可划分为最优期望目标、可接受目标和最低限度目标。

商务谈判的目标主要是以满意的条件达成一笔交易,确定正确的谈判目标是保证谈判成功的基础。

（4）谈判结果。

谈判结果即是一项谈判的结束,双方达成协议,谈判协议具有一定的法律效力,对谈判双方在今后的交易合作中的行为具有一定的约束力。签订协议是商务谈判过程全部结束的标志。

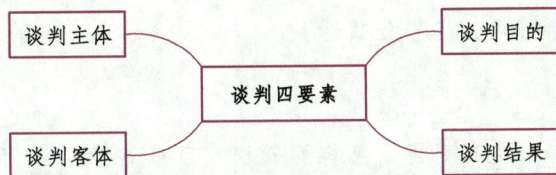

图 18-1　谈判的基本要素

3. 谈判的种类

（1）对抗性谈判。

① 零和谈判;

② 竞争性谈判。

（2）合作性谈判:双赢谈判。

（3）两种谈判的比较（见表 18-1）

表 18-1　对抗性谈判与合作性谈判对比

	对抗性谈判	合作性谈判
预期目标	短期,双方目标不相协调都在竞取眼下的实利,无视长期关系的发展	长期,同时强调眼下实利和长期合作关系
谈判导向	强调己方的要求和谈判的实力地位,无视对方的关系,甚至利用这种关系达到眼前的成果	设法满足对方的要求,认为这样对达到自己的目标更有利,努力增进至少不损害双方的关系
对对方的观感	不信任、怀疑、相互提防	开诚布公,倾向于相信对方
让步妥协的做法	让步越少越小越好	如果必须的话,愿意妥协让步,旨在促进关系
谈判时间	把时间用作谈判手段,用以压迫对方让步	把时间看作是解决问题的手段,尽量和对方沟通,让对方有考虑的余地

【沟通小贴士】谈判的准备工作

在进行谈判之前，我们有必要完成一些基本的准备工作，包括对背景、目标、双方的优势与不足等进行了解并作相应准备。

1. 谈判背景

① 谈判的具体内容；

② 谈判对方的经历、经验、能力等有关知识；

③ 对方的需要；

④ 谈判时间和地点。

2. 谈判目标

① 我们的目的；

② 我们所期望最佳结果；

③ 我们可接受的最坏结果。

3. 双方的优势与不足

① 我们的优势 —— 技术、价格、经验时间等；

② 我们的劣势 —— 技术、价格、经验时间等；

③ 我们对对方的优势、劣势分析；

④ 知己知彼。

4. 谈判授权

① 作为谈判代表，我们获得了怎样的授权？可以给予对方何种程度的承诺？

② 对方可以给予什么样的授权？

18.2 谈判的基本原则

谈判不仅发生在重要的工作场合，在生活中我们也常常扮演着谈判者的角色，比如购买时的砍价。美国谈判学家罗杰·费希尔和威廉·尤里在他们所进行的哈佛法学院谈判项目的研究过程中提出了谈判的基本原则，可以应用到工作和生活中。

1. 谈判是双方的合作

发生谈判的原因就是谈判双方各自追求的利益无法独自实现，需要合作。谈判就意味着双方在改变、在协调，这绝不是一方的压倒性胜利或者是另一方的完全妥协，而是双方共同努力扩大各自利益的一种方式，是双方的合作。

2. 避免在立场上磋商问题

立场上的谈判会成为双方意志的较量；立场上的讨价还价会产生不明智的协议；立场上的不让步会阻碍谈判协议；坚持立场需要做出大量的个人决定。在谈判中，一定要把注意力放在双方的合法利益上，而不是观点的争论上，要避免在立场上磋商问题。

3. 区分人与问题

在谈判时不能因为对谈判方的主观印象或谈判方的态度而影响对于问题本身的判断。一定要把谈判主体与谈判客体分开，也就是把问题和人分开，这是谈判中最基本的理性要求。

4. 提出互利选择

谈判专家尼伦伯格认为，维系谈判朝着合作方向发展的纽带是人们对因合作而能带来的利益的认识，这种利益的价值的大小取决于谈判者对付出努力和获得利益的感知是否平衡。在提出互利选择时，要寻找共同利益，协调分歧利益，以达成合作目标。

5. 坚持客观标准

坚持客观标准是保障谈判顺利进行的基石，若不能做到这一点，谈判双方将难以建立信任，甚至会爆发冲突。如图 18-2 所示，坚持客观标准可以从 5 个方面来做。

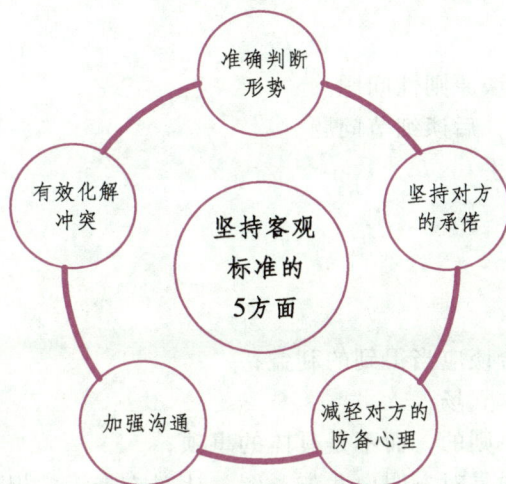

图 18-2 如何坚持客观标准

18.3 谈判策略

1. 互利性谈判策略

① 精诚所至；② 充分假设；③ 润滑剂策略；④ 游刃有余；⑤ 把握契机。

2. 我方有利型谈判策略

① 最后期限法；② 疲劳策略；③ 既成事实；④ 声东击西；⑤ 得寸进尺。

3. 讨价还价型策略

（1）投石问路。

① 如果签订为期两年的合同，你们的价格会优惠多少？

② 如果我们采取现金支付和采用分期付款的形式，你们的产品价格会有什么差别？

③ 我们有意购买其他产品，你们能否在价格上优惠些？

④ 如果我们要求你们培训技术人员，你们可否按现价出售这套设备？

⑤ 如果我们要求对原产品有所变动，价格是否有变化？

（2）有取舍的让步。

① 不做无谓的让步；

② 让步要让得恰到好处；

③ 有节奏的缓慢让步；

④ 如果做出的让步欠周妥，应及早收回；

⑤ 即使我方损失不大，也要使对方觉得让步来之不易。

18.4　谈判技巧

1. 入题技巧

（1）迂回入题。

（2）先谈细节，后谈原则性问题。

（3）先谈一般原则，后谈细节问题。

（4）从具体议题入手。

2. 阐述技巧

（1）开场阐述。

① 开宗明义；

② 表明我方通过洽谈应当得到的利益；

③ 表明我方的基本立场；

④ 开场阐述应是原则的，而不是具体的事项；

⑤ 开场阐述的目的是对方明白我方意图，让对方先谈、坦诚相见。

（2）注意正确使用语言。

① 准确易懂；

② 简明扼要；

③ 第一次就要说准；

④ 语言富有弹性；

⑤ 发言紧扣主题；

⑥ 措辞得体，不走极端；

⑦ 注意语调、语速、声音、停顿和重复；

⑧ 注意折冲迂回；

⑨ 使用解围用语；

⑩ 不以否定性的语言结束谈判。

3. 提问技巧

（1）提问的类型。

根据不同提问的类型，提问的技巧也不同，见表 18-2。

表 18-2　按类型划分的提问技巧

开放式提问	您对售后服务怎么看？
闭合式提问	您是否认为售后服务没有改进的可能？
探究式提问	我们想增加购货量，您能否在价格上更优惠些？
婉转式提问	这种产品的功能还不错吧？您能评价一下吗？
澄清式提问	您刚才说对目前正在进行的这宗生意可以做取舍，这是不是说您拥有全权与我进行谈判？
借助式提问	我们请教了某某顾问，对该产品的价格有了较多了解请您考虑，是否把价格再降低一些？
强迫选择式提问	付佣金是符合国际贸易惯例的，我们从法国供应商那里一般可得到百分之三到百分之五的佣金，请贵方予以注意。
引导式提问	经销这种商品我方利润很少，如果不给百分之三的折扣，我方很难以成交。我看给我方的折扣可以定为百分之四，你一定会同意的，是吗？
协商式提问	你看给我方的折扣定为 3%是否妥当？

（2）提问的时机。

① 对方发言完毕之后提问；

② 对方发言停顿、间歇时提问；

③ 自己发言前后提问；

发言前："您刚才的发言要说明什么问题呢？我的理解是……""对这个问题，我谈几点看法。""价格问题您讲得很清楚，但质量和售后服务怎样呢？我先谈谈我们的要求，然后请您答复。"

发言后："我们的基本立场和观点就是这些，您对此有何看法呢？"

④ 议程规定的辩论时间提问

4. 答复技巧

① 不要用"是"或"不是"答复对方的提问；

② 针对提问者的真实心理答复；

③ 不要确切答复对方的提问；

④ 降低提问者追问的兴致；

⑤ 让自己获得充分的思考时间；

⑥ 礼貌地拒绝不值得答复的问题；

⑦ 找借口拖延答复。

谈判是一种在生活和工作中常见的沟通手段。当谈判双方（或多方）意识到所追求的各自利益可能会引发冲突，需要以合作的方式才能得以实现时，就需要谈判。通过学习本章，了解谈判的基本要素和基本原则，掌握谈判策略和技巧，将有助于提高生活和工作的谈判能力，通过谈判与对方达成一致。

【学习训练营】

有一位妈妈把一个橙子给了邻居的两个孩子。这两个孩子便开始讨论如何分这个橙子。吵来吵去，他们最终达成了一致意见，由一个孩子负责切橙子，而另一个孩子选橙子。结果，这两个孩子按照商定的办法各自取得了一半橙子，高高兴兴地拿回家去了。

第一个孩子把半个橙子拿到家，把皮剥掉扔进了垃圾桶，把果肉放到果汁机上打果汁喝。另一个孩子回到家把果肉挖掉扔进了垃圾桶，把橙子皮留下来磨碎了，混在面粉里烤蛋糕吃。

思 考

1. 这两个孩子各自的利益并未在谈判中达到最大化，为什么？

2. 如果谈判前经过沟通，有一个孩子既想要橙子皮做蛋糕，又想要果肉榨橙子汁。这时，该怎么办？

来源：李映霞. 管理沟通：理论、案例与实训[M]. 北京：人民邮电出版社，2017.

你擅长谈判吗?

对于以下每一个问题,请选择一个恰当的数字进行描述:

1—非常不符合;5—比较不符合;6—基本符合;7—比较符合;8—非常符合。

1. 在多数情况下,我知道该与对方谈判者建立怎样的关系。

2. 在谈判前,我会把此次谈判的目标思考清楚,并设立不同的预案。

3. 我善于营造一个合适的对话氛围。

4. 即便谈判遇到阻碍,我也能保持镇定,理智思考。

5. 在谈判中我常常能提出建设性的意见。

6. 我能在谈判中突出重点、条理分明地阐述意见。

7. 我懂得在如何在谈判中引导对方关注我们的共同利益,而非彼此的分歧。

8. 我知道在双方达成协议后如何更好地执行协议。

得分与解释

将所填写的所有数字加总得到你的测试分数,分数越高则说明你对谈判的基础技能了解越多。

得分为 33~40 分:你的谈判能力很强,对一些基本的沟通技能掌握得非常好。

得分为 25~32 分:你有一定的谈判能力,在大多数场合都能应对自如。

得分为 17~24 分:你对谈判有最基本的了解,可能偶尔会不知所措。

得分为 8~16 分:你对谈判的运用不是很熟练,需要加强此方面的锻炼。

【笔记栏】

第十九章

跨文化沟通

案例导入

有一艘轮船航行在大海上，开了一半路程时，轮船出了故障，船长要求大家弃船逃生，转移到救生艇上。他到船舱里向游客解释了轮船目前遇到的状况，要求大家马上跳到救生艇上，但是等他解释完毕以后，居然没有一个人愿意这样做。

船长十分生气，懊恼地回到甲板上。大副见到他一个人出来，感到十分奇怪，了解到情况以后，他自告奋勇向船长请命去说服这些游客。5 分钟以后，这些游客居然自愿跳到了救生艇上。船长感到十分奇怪，问大副是怎么完成这件事的。

大副对船长说："我对他们几个不同国家的人说了不同的话。

我对英国人说，这是一件很有绅士风度的事；

我对德国人说，这是命令；

我对法国人说，这是一件很浪漫的事；

我对美国人说，为你做了保险。"

19.1　跨文化沟通的基本概念

跨文化沟通是指一种文化中编码的信息，包括语言、手势和表情等，在某一特定文化单元中有特定的含义，传递到另一文化单元中，要经过解释和破译，才能被对方接收。

1. 跨文化沟通的类型

从政治学角度划分，可以把跨文化沟通分为国内跨文化沟通与国际跨文化沟通。

从文化人类学角度划分，可以把跨文化沟通分为种族间沟通，如白种人、黄种人等不同人种间的沟通；民族间沟通，如各民族间的沟通；跨国沟通，即不同国家之间的沟通；亚文化间的沟通，即一个大文化中的小文化间的沟通，如中华文化中的儒家、道家文化沟通。（见图 19-1）

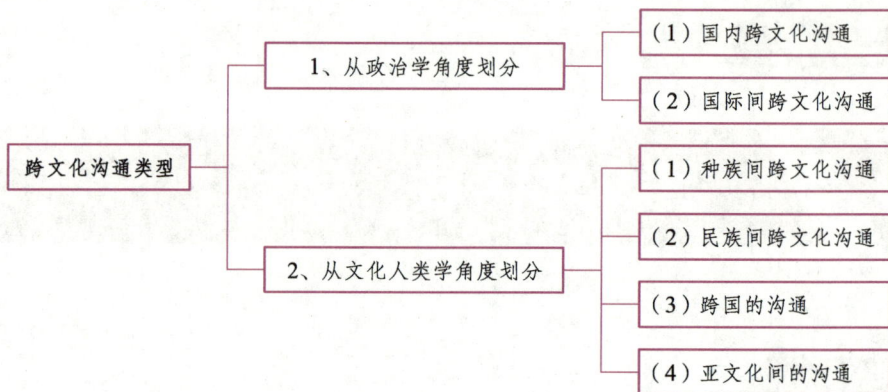

图 19-1　跨文化沟通类型

2. 跨文化沟通的三个主要层次

（1）跨文化人际沟通，是指不同文化背景的个人之间的沟通，沟通双方可以是不同种族、民族和国家的人，也可以是某个亚文化与另外一个亚文化之间的人，甚至有的时候需要的不一定是口头语言而是肢体语言的沟通，如眼神、身体姿态等，比如有的跨国恋人之间明明连语言沟通都做不到，但是却能够在一起，这种时候用的更多的是非语言表达。

（2）跨文化组织沟通，是指不同文化背景的组织之间的沟通，也包括组织内部不同文化背景成员之间的沟通。跨国经营公司中的跨文化沟通大多发生在这一层面。

（3）国家间的跨文化沟通，是指不同国家之间利用各种方式进行的信息沟通。这种沟通不一定是与外国人直接进行沟通，日常接触到的外国音乐、电影、新闻、广播等多种形式也是跨文化沟通的重要形式。

3. 学习跨文化沟通的必要性

经济全球化使得我们必须具有全球视野，这是跨文化沟通的时代要求。全球化的浪潮使各个国家、各个民族之间的文化无时无刻不在进行着交流、碰撞与融合，如何能更好地应对这一过程中产生的文化碰撞甚至文化冲突，减少摩擦、增进交流和理解，从而使世界多元文化得以和谐共生，跨文化沟通显得尤其重要。不仅是对企业，同时对个人而言，国际交流的机会日益增多，越来越多人意识到对跨文化的研究与认识会极大地促进个人发展和国际的交流与和平。

【经典案例】遭遇尴尬的沃尔玛

零售业巨头沃尔玛公司一向对自己的团队精神和家庭般的组织气氛引以为豪。

比如，在美国本土沃尔玛商店的员工，每天早上上班的第一件事是由经理带领全体员工（不论资历）高唱激动人心的美国国歌"星条旗永不落"，然后齐声呐喊公司的名称（给我一个"W"，给我一个"A"，给我一个"L"），紧接着高呼"顾客第一"，还有公司现在已有门店的数目。这个仪式代表沃尔玛的员工气势，可以称为"沃尔玛风格"。

但不幸的是，加拿大员工似乎对这种美国式的乐观态度不是很感冒。沃尔玛当时购买了加拿大的 122 家乌尔考商店，并将之改造成沃尔玛商店连锁店，美国管理者深深感受到两国文化的不同。起初，美国管理者觉得管理十分简单，只要把早晨的美国国歌改变成加拿大国歌，然后就可以了。但事实却截然相反。美国管理者面对的是另一种十分自我的民族文化，他们不喜欢外露的表达感情方式。比如，在加拿大的卡尔格瑞分店，沃尔玛的加拿大新员工拒绝在清晨的醒店仪式上歌唱加拿大国歌，并且不愿意参与公司要求的对沃尔玛的欢呼与呐喊。美国管理者在经历过这些跨文化管理的失败和打击后，意识到在美国的管理实践方法并不能理所当然的应用到其他文化中。

来源：张昊民，李倩倩. 管理沟通[M]. 上海：上海人民出版社，2015.

19.2 影响跨文化沟通的因素

1. 文化差异

（1）感知认识。
① 在中国，当人们在街上碰见打招呼时，经常说："您吃了吗？您去干什么？"
② 在英国，人们见面打招呼常说："早上/中午/晚上好！今天天气真好/不太好！"
（2）刻板成见。
① 美国人都是又自负又自私的；
② 墨西哥人都戴着宽檐帽拿着龙舌兰酒瓶睡在仙人掌上；
③ 加拿大人永远在为不同的事儿道歉，而且口头语是"eh"。
（3）思维方式。
① 北美和欧洲人将姓氏放在名字后，亚洲先说姓氏。
② 美国木匠多喜欢拉锯，日本木匠多喜欢推锯。

【沟通小贴士】中美思维方式上的差异

表 19-1　中国人与美国人的思维差异

中国人	美国人
偏好形象思维，跟着感觉走	偏好抽象思维和逻辑思维
靠经验与直觉判断	依靠逻辑和推理判断
综合思维	分析思维
注重统一	把事物分成两个相互对立的方面，二者分得很清

（4）价值观。
·美国人大多认同竞争，日本人更倾向认为竞争会导致不和谐。
·美国人喜欢标新立异出风头，中国人更倾向与集体保持一致。

· 美国人大多直率外露，中国人大多委婉含蓄。

· 年龄观：东方敬老，西方更重视青年。

· 个人观：东方无我、从众，西方自我，竞争欲望强烈。

· 成就观：东方，重集体精神，西方更倾向以个人利益为先。

（5）社会规范。

① 风俗习惯。

· 打招呼：中国人日常打招呼习惯于问："你吃饭了吗？"但如果跟英语国家的人这样说，他们认为你是想请他们吃饭，英语国家特别以英国人为代表打招呼通常以天气、健康状况、交通、体育以及兴趣爱好为话题。

· 感谢和答谢：一般来说，中国人在家族成员之间较少用"谢谢"。认为会显得有些生疏。而在英语国家"Thank you"几乎用于一切场合、所有人之间，即使父母与子女，兄弟姐妹之间也不例外。

② 道德规范。

中国传统道德的特点是注重整体、注重"义"、注重协调、注重内省；而西方传统道德的特点是注重个体、注重"利"、注重进取、注重外显。

③ 法律文化。

· 西方法律文化中资产阶级法理精神与中国传统法律文化中的礼教不同。

· 西方法律文化憧憬自由和正义，中国传统法律文化则追求秩序与和谐。

④ 宗教规范。

西方一些国家是"一元"型的宗教文化，例如人们信仰上帝，认为只有上帝才是真神，不允许别的神的存在，具有绝对性和排他性；而在中国宗教文化是"多元"型的，具有权利性和包容性。

2. 语言差异

在各民族之间、各国家之间，都存在着一定程度的语言差异。在进行跨文化沟通时，必须要有人去学习另一种语言以更好地了解另一种文化，增进两种文化间的交流与沟通，因此，语言的翻译也是跨文化沟通的一种重要形式。

3. 非语言差异

非语言差异是影响跨文化沟通的一个非常重要的因素。文化差异的不同导致全球各地的风俗习惯及饮食爱好等或多或少都会存在差距。这些都属于非语言差异。以下是非语言差异的几种类型及具体实例：

（1）肢体语言。

① 在中国比 OK 手势表示赞同、了不起；在日本表示钱；在突尼斯是傻瓜的意思；在德国会被认为很粗鲁。

② 中国在表示惊愕或者知道自己做错事后往往会吐舌头；而在美国吐舌头则表示不屑一顾。

（2）空间语。

① 法国人和美国人见面时多会采用拥抱甚至亲吻的方式作为见面问候；而在中

国，这种行为通常会被认为是轻浮与不尊重。

② 缅甸人不会让他人摸自己孩子的头部，这被视作不礼貌的行为，同时也被认为冒犯了神灵。

（3）时间语。

① 传统的东方时间观念认为时间是一种自然节奏，这种自然节奏与人类行为相和谐。

② 西方时间观念认为时间是一种钟表或者机器的节奏，这是一种固定节奏的时间观念，人类的行为应当遵循这种固定的节奏。

（4）其他非言语信号。

① 着装：在不同的场合，要穿与之相符的着装，否则会被视为不尊重对方。

② 面部表情：在某些西欧文化中，咂嘴表示认可；而在中国则可能表示有滋有味，很是享受；在英国文化中，表示没有滋味；在许多地中海国家，则是表示极其的痛苦不堪。

【沟通小贴士】手势语的不同含义

1. 跷大拇指。在中国，跷大拇指表示"好"，用来称赞对方干得不错、了不起、高明，这个意思在世界上许多国家都是一样的。英美人伸大拇指，向上跷，意为"It's good"或"It's OK"。伸大拇指，向下跷，意为"It's bad"或"I don't agree"。但是在一些国家还有另外的意思。比如，在日本，它还表示"男人""你的父亲""最高"；在韩国，还表示"首领""自己的父亲""部长"和"队长"；在澳大利亚、墨西哥、荷兰等国，则表示"祈祷命运"；到了法国、印度，在拦路搭车时可以使用这一手势；在尼日利亚，它又表示对远方亲人的问候。此外，一些国家还用这一手势指责对方"胡扯"。

2. 将拇指和食指弯曲合成圆圈，手心向前。这个手势在美国表示"OK"；在日本表示钱；在拉丁美洲则表示下流低级的动作。

3. 伸出食指。在美国表示让对方稍等；在法国表示请求对方回答问题；在缅甸表示请求，拜托；在新加坡表示最重要的；在澳大利亚则表示"请再来一杯啤酒"。

4. 伸出食指和中指做V字状。"V"是英文victory和法文victore（胜利）的第一个字母，故在英国、法国、捷克等国此手势含有"胜利"之意。但在塞尔维亚语中这一手势代表"英雄气概"，在荷兰语中则代表"自由"。

5. 食指弯曲：这一手势在中国一些地区表示"9"；在日本表示小偷，特别是那些专门在商店里偷窃的人及其偷窃行为；在泰国、新加坡、马来西亚表示死亡；在墨西哥则表示钱或询问价格及数量的多少。

6. 将手掌向上伸开，不停地伸出手指。这个动作在英美国家可以用来招呼人，意即"come here"。

7. 伸出中指：这个手势在法国、美国、新加坡表示"被激怒"和"极度不愉快"；在墨西哥表示"不满"；在澳大利亚、突尼斯表示"侮辱"；在法国还表示"下流行为"。

8. 伸出小指。在日本表示女人、女孩子、恋人；在韩国表示妻子、女朋友；在菲律宾表示小个子、年轻或表示对方是小人物；在泰国、沙特阿拉伯表示朋友；在缅甸、印度表示要去厕所；在英国表示懦弱的男人；在美国、尼日利亚还可以表示打赌。

9. 英美人在表示轻蔑时，习惯把两个手指头捏在一起啪地一弹，俗称打响指。但随着时代的发展，这个动作也可以用来招呼别人为你服务，或者突然想起了一个好主意。

4. 缺乏跨文化沟通能力的表现

（1）过于保守：消极看待和惧怕文化冲突，排斥新思想、新创意，按照呆板的规章制度运行。认为不同文化背景的管理者之间存在不可逾越的鸿沟。

（2）信息闭塞：不能有效上传下达更不能分享知识和信息，导致决策失误。

（3）非理性反映：感情用事，固执己见，拒绝采纳合作化建议，导致矛盾加深，对立和冲突激烈。

（4）怨恨心理：负面影响导致人际关系长期不和谐，对群体对企业都有相当大的威胁性和破坏性。

19.3　文化的维度

Hofstede 的民族文化六因素研究是关于文化和跨文化的理论的集大成者，经常用于经济学科在市场中研究不同的人对商品、市场、服务的反应。

1. 权力距离

权力距离表示人们对组织中权力分配不平等情况的接受程度。一般而言，东方文化影响下的权力距离指数较高，人们对不平等现象通常的反应是漠然视之或忍受。而西方文化影响下产生的权力距离指数较低，"权利意识"深入人心，使得他们对权力分配的不平等现象具有强烈的反抗精神。

2. 不确定性规避

不确定性规避指的是一个社会感受到的不确定性和模糊情景的威胁程度。在任何一个社会中，人们对于不确定的、含糊的、前途未卜的情境，都会感到面对的是一种威胁，从而总是试图加以防止。防止的方法很多，例如提供更大的职业稳定性，订立更多的正规条令，不允许出现越轨的思想和行为，追求绝对真实的东西，努力获得专门的知识等。不同民族、国家或地区，防止不确定性的迫切程度是不一样的。相对而言，在不确定性避免程度低的社会当中，人们普遍有一种安全感，倾向于放松的生活态度和鼓励冒险的倾向。而在不确定性避免程度高的社会当中，人们则普遍有一种高度的紧迫感和进取心，因而易形成一种努力工作的内心冲动，新加坡就是典型的不确定性避免程度低的国家。

3. 个人主义与集体主义

中国强调集体主义，美国则重视个人主义。在各个学习阶段中，我们多以班级、小组的形式共同进步，重视集体主义精神；在美国，个人英雄主义盛行，强调自主创造和独立的能力。

4. 男性气质与女性气质

男性或男子气概所代表的文化维度是指社会中两性的社会性别角色差别清楚，男人应表现得自信、坚强，注重物质成就；女人应表现得谦逊、温柔，关注生活质量。所谓男性化是指，在社会中占统治地位的价值是成功、金钱和事业。女性化是男性化的反面，在社会中占统治地位的价值观是关心他人并讲求生活质量，人们十分崇尚关系与合作、友好氛围和职业安全。

5. 高语境与低语境

高语境指的是绝大部分信息或存于物质语境中，或内化在个人身上，极少存在于编码清晰的被传递的讯息中，低语境正好相反。中国文化、日本文化、非洲文化、拉丁文化等属于高语境文化，美国文化、加拿大文化以及多数欧洲文化属于低语境文化。

6. 长期和短期导向

长期和短期导向性表明一个民族持有的对待长期利益或近期利益的价值观，主要反映人们对将来与现在利益进行权衡时考虑长远利益的相对程度。长远取向表现的是一种注重将来的倾向，并不注重短期利益；而短期取向的人总是期望能快速得到结果，注重短期利益。中国人普遍注重长期效应，比如教育要从小开始。

从民族文化六个因素的研究中，我们可以发现各种文化的独特特点（见表19-2），我们要思考不同文化因素下管理沟通的差异。

表 19-2　东西方部分文化差异

比较项目	东方	西方
宇宙观	天人合一	天人分离
自然观	连续与整体；变化；矛盾的同一性；中庸；背景环境的重要性；重相似性；辩证思维；重内因与外因的交互性作用	世界是分割的；结构主义；矛盾斗争性；重本性；逻辑思维；重内因的决定作用
学习目的	陶冶心灵；提升自我；超越现实；慎独	认识世界；改变世界
时间观念	自然节奏；长期时间观念；节省；思考问题易受未来影响	固定节奏；钟表的节奏；短期时间观念；易自我放纵；不愿为未来准备和储蓄
沟通方式	间接；微妙含蓄；非语言；感性；谦虚；高情景文化沟通；问候方式：手机短信、电子邮件；从大到小，再到大	直接明了；富有逻辑性；低情境文化沟通；问候方式：直接通话、手写便笺、卡片、小礼物；从小到大，再到小
自我	集体自我；自我依赖；关系自我；家族本位	个人自我；独立自我；分离自我；个人本位
文化取向	偏精神、封闭，重伦理、道德，重义轻利，重政治轻实利	重物质、开放，讲功利，求时效、实效

19.4　有效解决跨文化沟通的障碍

1. 跨文化沟通的障碍

（1）内部障碍。

在内部管理上，不同的价值观、不同的生活目标和行为规范等，会直接导致管理成本增加，还会引起员工结构的改变及组织层次和部门增多。

① 员工结构的改变增加了沟通难度：跨国公司的员工来自不同国家，他们在语言、行为、生活方式、价值观等方面都存在差异，这是多元文化冲突的主要根源，是一道沟通的巨大屏障。

② 组织层次和部门的冗杂导致信息丢失：大型跨国公司因规模庞大，组织层次数目繁多，其信息在传递过程中被过滤的可能性增大。随着信息的逐渐失真，公司人员进行跨文化沟通时很容易遇到障碍。

（2）外部障碍。

① 信息多元化：跨文化组织需要接收来自全球范围的信息，正确解码的难度大增。同一信息在不同文化下含义不一致，信息的准确性和真实性也很难保证。

② 社会文化多元化：社会活动的各个方面都打上了跨文化的烙印，人们的需求、对产品和服务的偏好等都会受到全球化影响。

③ 外部沟通对象多元化：沟通对象包括有关机构、部门、群体和个体的相互依赖，千丝万缕。

2. 有效解决跨文化沟通的障碍

（1）增强跨文化沟通的意识。

① 了解、认同、融合文化差异：文化，作为一个专门术语，富有弹性。有人把文化说成是一种复杂的社会现象。不同文化拥有着各式各样的差异，而它们之间没有谁对谁错之分。我们不应该对某种文化怀有敌意，而应该去尊重、认同每一种文化，随后让文化融合，取其精华，去其糟粕。

② 避免刻板印象：我们不应该把某团体中的特定个体具有的所有特点强加到其他文化背景的人身上，否则很容易给交流沟通带来不利的影响。

③ 采取平等的立场：在双方的沟通中，平等的立场非常重要。如果天平偏向其中哪一方，最后这个沟通很可能以失败告终。在跨文化的沟通中，这一点尤为重要，每一种文化的拥有者，都有着对自己文化的骄傲和认同感。

④ 充分运用语言在跨文化沟通中的作用：语言的发展使得人们的沟通变得更加有效和容易。沟通，沟而相通，沟通的重要方式之一就是语言。

⑤ 重视非语言沟通的作用：交际中的非言语行为部分同样地也承载着丰富多彩的文化内涵，在跨文化交际日益频繁的今天，由于肢体等非言语行为而产生文化误解进而导致交际失败的案例也越来越多。因此，了解不同文化的非语行为所蕴含的内涵就尤显重要。

（2）培养跨文化沟通的技能。

① 主动沟通：主动沟通意味着不封闭，在不同文化形式同时存在的情况下，学会主动实现跨越文化交流，会使我们得到更多的阅历和体验，也在无形中拉近了文化与文化之间的距离。

② 不轻易做出判断：不同文化间存在着差异，当我们面对不同文化间疑似敏感的问题时，要保持头脑冷静，不轻易做出判断。

③ 表示尊重：跨文化交流时，我们可能会遇到与自己文化冲突甚至完全相悖的文化，此时，不管这种文化多么令人难以接受或是感到荒谬，都不应表现出来，而应怀抱着一种尊重的态度来面对文化间的差异。

④ 学会包容：包容别的文化也是跨文化沟通的技能之一。不同文化价值观的不同，许多文化是人们不能接受的，此时就应该包容并且求得共同发展。但也不能一味地退让，该强势的时候也要强势。

⑤ 注意细节：跨文化沟通中要学会从细节中感受他人的态度。有时沟通过程中，难免会触到一些忌讳，说一些不该说的话，此时对方的一举一动就成为我们判断沟通成果的一面镜子。

⑥ 移情：跨文化沟通过程中，要学会换位思考，并且尽力寻找文化共同点，寻找共同情感归属点。

⑦ 简化语言：当我们不具备完全沟通能力时，可以通过关键词的提取来表达观点，适当情况下也可以加上肢体语言。

⑧ 沟通的灵活性：沟通要学会灵活应对，因为沟通并不仅仅是语言的沟通，也有肢体和眼神的沟通。同时，也要学会运用书面的交流方式来进行跨文化沟通。

19.5　培养跨文化沟通者

1. 学习对方的语言

首先，语言作为一方文化中最重要的标志之一，是实现跨文化沟通的利器。所以如果想要实现跨文化沟通，学习当地语言是必要的，但是语言作为一种既定的知识体系，也有着复杂枯燥的特点，还有各式各样的方言也给我们的学习增加了不少难度。

学习语言并不简单，所以要通过自己的需求来决定对一门语言学习的深入程度。倘若只是短暂停留，我们就只需要学习基础语法，掌握自己所需领域的词汇即可。例如，我们要出国旅行，那么势必要掌握一些在当地问路或是购物方面的词汇和说法；而如果我们是出国谈生意，就要学习一些基础的待人接物；另一种便是长期驻留，对于这种情况，语言的学习是以一种潜移默化的方式进行的。因为长期身处于这种语言环境中，我们便会不自觉地学习当地的语言并融入其中，此时跨文化沟通也就悄然实现了。

但语言学习中有一个最大的忌讳——一知半解。

一知半解有时候比一窍不通后果更加严重！如果说一窍不通意味着完全无法进行语言上的跨文化交流，那么一知半解则很有可能导致不同文化间的冲突。因为不同文化往往有自己对事物或概念的解释。在一种文化环境下被认为无伤大雅的说法在另一种文化中或许就是大忌。当一知半解的人把自己的语言直译到另一种语言时，尴尬甚至矛盾也许就会随之而来。哪怕只是学习一些基础的常用语，也一定要避免一知半解的情况，以免带来误解和冲突。

所以学习一门语言时，我们要把握学习的初衷并且做到谦虚与包容，这才是跨文化的最佳形态。

2. 对非语言信息的敏感性

在跨文化沟通中，非语言沟通担任着更加重要的角色。我们应尽可能多地学习不同文化中常见的非言语语言，常见的有以下六个方面。

（1）问候。

问候首先要注意次序，特别在正式会面的时候，宾主之间的问候要讲究一定的次序。其次要注意态度，问候是敬意的一种表现，要主动、要热情，更重要的是要自然。最后是问候的内容，要根据不同的情况以及所在地区的风俗来决定。

（2）衣着。

服饰是社会文化的特征，不同的民俗文化有着不同的禁忌规约，因而在不同文化中，服饰的颜色、面料、样式等有各自约定俗成的规定，需要入乡随俗。

（3）空间。

一个人空间的整洁度与装修风格都可以体现其内在性格特点，站坐的姿势也是一样的。同时人与人之间的肢体接触程度的高低从某种程度上也可以反映亲疏关系，但这一点也存在着地域文化差异。

（4）肢体动作。

肢体动作往往是无意识的、情境性的、个性化的，也是极具真实性的。一个人的肢体语言，同说话人的性格、气质是紧密相关的，注意观察：每个人都有自己独特的肢体语言，它体现了个性特征。

（5）食物。

不同的文化有不同的饮食习惯和禁忌，在进行跨文化沟通时，我们必须留意这一点，以免触犯到对方的宗教信仰、民族文化。

（6）礼物。

礼物作为维系人际关系的重要组成部分，也会因文化差异而显现出不同。同一种礼物在不同的文化里可能具有截然不同的寓意，这样的差异也是我们需要注意的。

【沟通小贴士】有效的跨文化沟通六原则

（1）不要认为别人与你对事物享有共同的基本假设。

（2）自己熟悉的且平常的行为可能只是一种文化现象，是特定文化的产物。

（3）一个看似熟悉的行为可能具有不同的含义。

（4）不要假定你所听到的东西就是别人想表达的东西。

（5）不需要认可或接受你不认同的行为，但需要尝试着理解这些行为。

（6）大多数人的行为是理性的，需要去探索和挖掘他人行为背后的理性。

文化是人类创造的一切物质产品和精神产品的总和。在沟通当中，从价值观、社会规范、思维方式，到一言一行、一颦一笑、举手投足、整体形象气质等都是文化的体现。在经济全球化浪潮下，跨文化沟通对个人、企业、民族和国家间的相互交流和理解极为重要。通过本章的学习，要以培养跨文化沟通者为目标，理解文化的特点，从文化多维度出发，了解跨文化沟通的障碍，增强跨文化沟通的意识；对不同文化间的差异，包括语言和非语言差异，进行深入的学习、理解和实践，培养跨文化沟通的技能。

【学习训练营】

美国 P 海洋工程公司大连项目组的工作人员来自多个国家地区，Jack 是一名新加坡籍华人，母语为英语，同时又精通汉语，被派往中国大连做项目经理。

员工小王被激增的工作量闹得心烦，她觉得自己急需一名助手。可小王不好意思直接提出这件事，故而她决定采用迂回战术，准备先强调自己工作忙不过来，再以羡慕的口吻提到隔壁公司项目组有两名文控，从而让 Jack 顺着自己的话外音主动提给自己指派助手。于是，小王以询问几个文件处理问题为借口，兴冲冲地去找 Jack 了。Jack 和小王的交流很顺畅，可惜 Jack 始终没有理解到小王的话外音，他看小王最后还欲言又止，就让她改用中文提问。小王只好硬着头皮用中文小心翼翼地试探说："哦，也没什么……就是您当初面试我时说过，会在工作量多的时候安排助手给我的……"

在小王期待的眼神中 Jack 笑着回答："我计划在项目后期的调试阶段开始前把你的助手招来，那时会有大量调试程序和设备资料进来。"小王顿时傻眼了，她内心咆哮着：老大！您不懂什么叫听话外音吗？还要等到项目后期？那我不早就累死了！小王到底没勇气说出口，只是难掩失望地说："哦，我知道了。"

小王走后，Jack 觉得有些奇怪，Jack 觉得自己已经理解并清晰简洁地解答了小王所有的问题，而且最后他还主动提议小王可以说她自己更熟悉的中文。他实在不明白一场对话下来小王怎么会突然变得无精打采的，看来即便是语言相通也不能解决所有沟通问题。

思考

Jack 与小王都很精通汉语，为什么没有达成有效的沟通？

你了解跨文化沟通吗?

对于以下每一个问题,请选择一个恰当的数字进行描述:

1—非常不符合。2—比较不符合。3—基本符合。4—比较符合。5—非常符合。

1. 我可以熟练地使用英语和外国友人进行日常交流。
2. 在和来自不同文化的人们交流时,我能清楚表达自己的意图。
3. 我可以根据交际情景来调整自己的说话方式以便和不同文化的人进行沟通。
4. 在进行沟通前,我会提前了解对方的文化,避免在沟通中产生误解。
5. 即便自己很难接受,我也会充分尊重对方的文化习俗。
6. 在和不同文化的人交流时,我会注意自己的着装形象。
7. 在进行跨文化沟通时,我有充足的自信与对方融洽相处。
8. 在遇到沟通障碍时,我会尝试主动解决问题。

得分与解释

将你所填写的所有数字加总得到你的测试分数,分数越高则说明你对跨文化沟通的基础技能了解越多。

得分为 33～40 分:你在日常生活中可以对跨文化的沟通应对自如;

得分为 25～32 分:你有一定的跨文化沟通能力;

得分为 17～24 分:你对跨文化沟通有最基本的了解,可能偶尔会不知所措;

得分为 8～16 分:你对跨文化沟通的了解较少,需要加强此方面的锻炼。

【笔记栏】

参考文献

[1] 魏江. 管理沟通：成功管理的基石[M]. 4 版. 北京：机械工业出版社，2019.

[2] 张昊民，李倩倩. 管理沟通[M]. 2 版. 上海：上海人民出版社，2015.

[3] 李映霞. 管理沟通：理论、案例与实训[M]. 北京：人民邮电出版社，2017.

[4] 科里·帕特森，约瑟夫·格雷尼，罗恩·麦克米兰，艾尔·史威茨勒. 关键对话：如何高效能沟通[M]. 毕崇毅，译. 北京：机械工业出版社，2017.

[5] 冯云霞，沈远平. 管理沟通：基于案例分析的视角[M]. 2 版. 北京：中国人民大学出版社，2015.

[6] 杜伯林. 领导力：研究·实践·技巧[M]. 王垒，译. 北京：中国市场出版社，2006.

[7] 约瑟夫·A. 德维托. 深度沟通（快速掌控谈话）[M]. 8 版. 吴晓静，译. 北京：北京联合出版有限公司，2019.

[8] 弗德曼·舒茨·冯·图恩. 沟通的力量：极简沟通的四维模型[M]. 4 版. 冯珊珊，译. 天津：天津人民出版社，2020.

[9] 贾森·杰伊，加布里埃尔·格兰特. 高难度沟通[M]. 美同，译. 北京：中国友谊出版公司，2018.

[10] 尼基·斯坦顿. 沟通圣经：听说读写全方位沟通技巧[M]. 5 版. 罗慕谦，译. 北京：北京联合出版公司，2018.

[11] 罗纳德·B·阿德勒，拉塞尔·F·普罗科特. 沟通的艺术[M]. 14 版. 黄素菲，李恩，译. 北京：北京联合出版公司，2018.

[12] 周庆，易鸣，向升瑜. 给客户一个理由：华为销售谈判与沟通技巧[M]. 北京：中国人民大学出版社，2019.

217

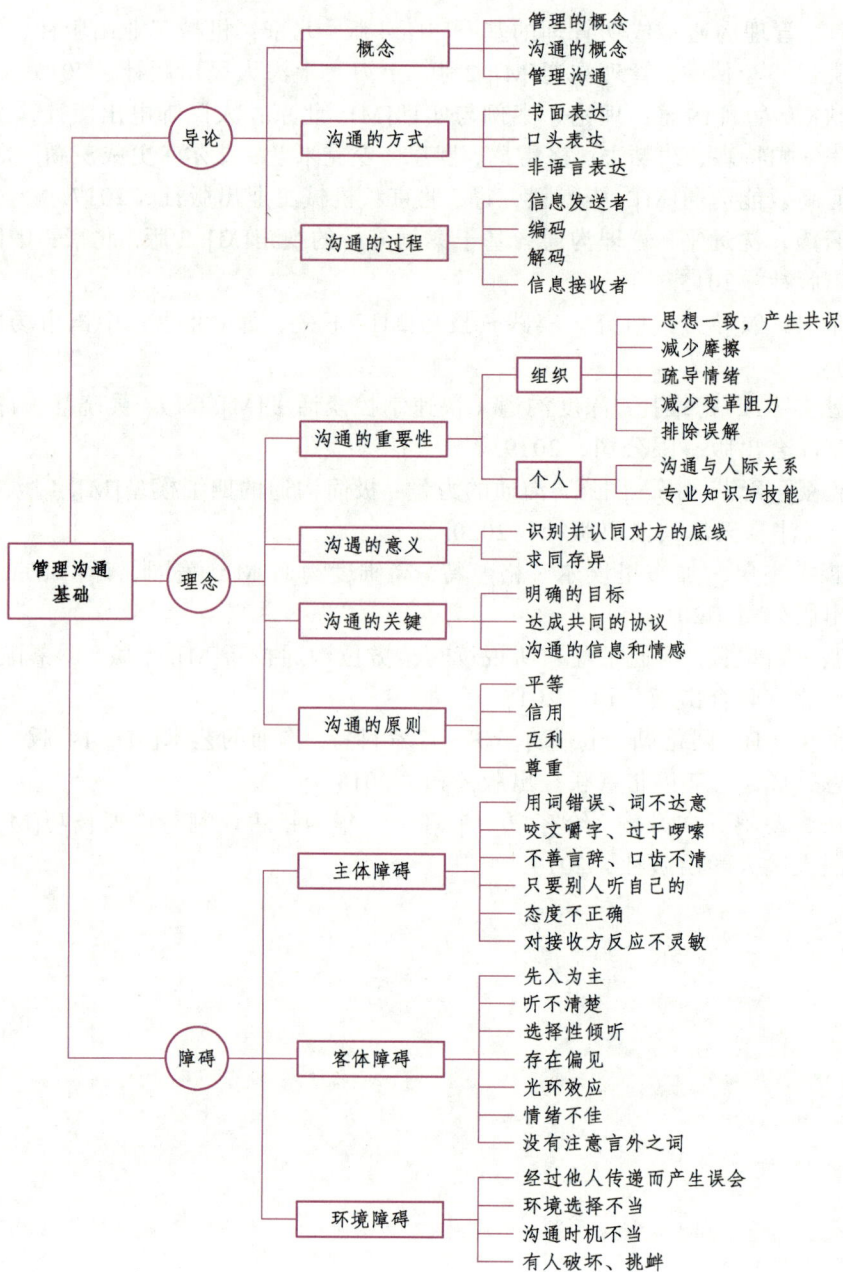

管理沟通基础
- 导论
  - 概念
    - 管理的概念
    - 沟通的概念
    - 管理沟通
  - 沟通的方式
    - 书面表达
    - 口头表达
    - 非语言表达
  - 沟通的过程
    - 信息发送者
    - 编码
    - 解码
    - 信息接收者
- 理念
  - 沟通的重要性
    - 组织
      - 思想一致，产生共识
      - 减少摩擦
      - 疏导情绪
      - 减少变革阻力
      - 排除误解
    - 个人
      - 沟通与人际关系
      - 专业知识与技能
  - 沟通的意义
    - 识别并认同对方的底线
    - 求同存异
  - 沟通的关键
    - 明确的目标
    - 达成共同的协议
    - 沟通的信息和情感
  - 沟通的原则
    - 平等
    - 信用
    - 互利
    - 尊重
- 障碍
  - 主体障碍
    - 用词错误、词不达意
    - 咬文嚼字、过于啰嗦
    - 不善言辞、口齿不清
    - 只要别人听自己的
    - 态度不正确
    - 对接收方反应不灵敏
  - 客体障碍
    - 先入为主
    - 听不清楚
    - 选择性倾听
    - 存在偏见
    - 光环效应
    - 情绪不佳
    - 没有注意言外之词
  - 环境障碍
    - 经过他人传递而产生误会
    - 环境选择不当
    - 沟通时机不当
    - 有人破坏、挑衅

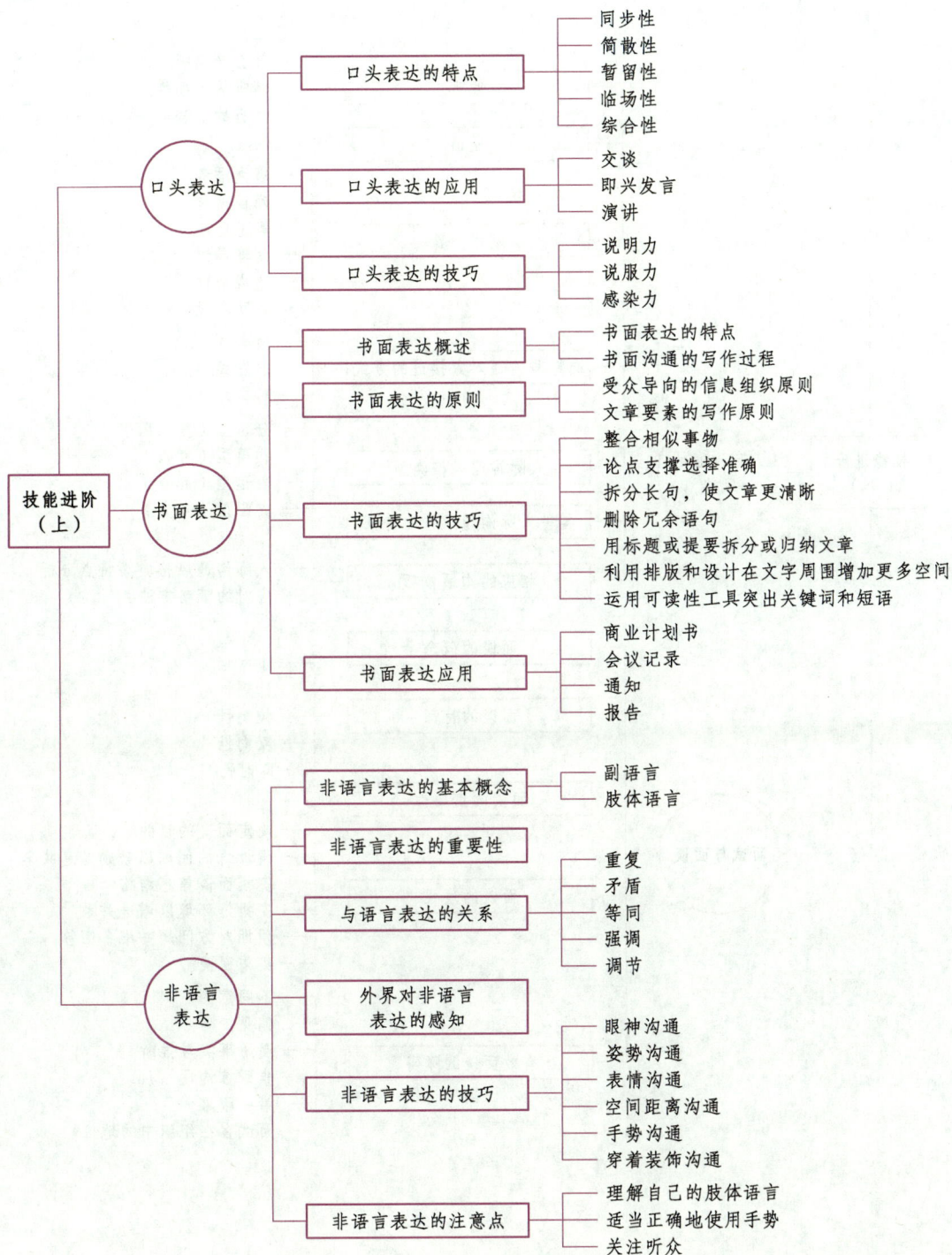

```
                                          ┌─ 同步性
                                          ├─ 简散性
                        ┌─ 口头表达的特点 ──┼─ 暂留性
                        │                  ├─ 临场性
                        │                  └─ 综合性
                        │                  ┌─ 交谈
              ┌─ 口头表达 ┼─ 口头表达的应用 ──┼─ 即兴发言
              │         │                  └─ 演讲
              │         │                  ┌─ 说明力
              │         └─ 口头表达的技巧 ──┼─ 说服力
              │                            └─ 感染力
              │
              │                            ┌─ 书面表达的特点
              │         ┌─ 书面表达概述 ────┴─ 书面沟通的写作过程
              │         │                  ┌─ 受众导向的信息组织原则
              │         ├─ 书面表达的原则 ──┴─ 文章要素的写作原则
              │         │                  ┌─ 整合相似事物
              │         │                  ├─ 论点支撑选择准确
              │         │                  ├─ 拆分长句，使文章更清晰
  ┌─ 技能进阶 ─┼─ 书面表达 ┼─ 书面表达的技巧 ──┼─ 删除冗余语句
  │  （上）    │         │                  ├─ 用标题或提要拆分或归纳文章
  │           │         │                  ├─ 利用排版和设计在文字周围增加更多空间
  │           │         │                  └─ 运用可读性工具突出关键词和短语
  │           │         │                  ┌─ 商业计划书
  │           │         └─ 书面表达应用 ────┼─ 会议记录
  │           │                            ├─ 通知
  │           │                            └─ 报告
  │           │
  │           │         ┌─ 非语言表达的基本概念 ┬─ 副语言
  │           │         │                       └─ 肢体语言
  │           │         ├─ 非语言表达的重要性
  │           │         │                       ┌─ 重复
  │           │         │                       ├─ 矛盾
  │           │         ├─ 与语言表达的关系 ─────┼─ 等同
  │           │         │                       ├─ 强调
  │           │         │                       └─ 调节
  └─ 非语言表达 ┼─ 外界对非语言
              │         │    表达的感知
              │         │                       ┌─ 眼神沟通
              │         │                       ├─ 姿势沟通
              │         │                       ├─ 表情沟通
              │         ├─ 非语言表达的技巧 ─────┼─ 空间距离沟通
              │         │                       ├─ 手势沟通
              │         │                       └─ 穿着装饰沟通
              │         │                       ┌─ 理解自己的肢体语言
              │         └─ 非语言表达的注意点 ───┼─ 适当正确地使用手势
              │                                 └─ 关注听众
```

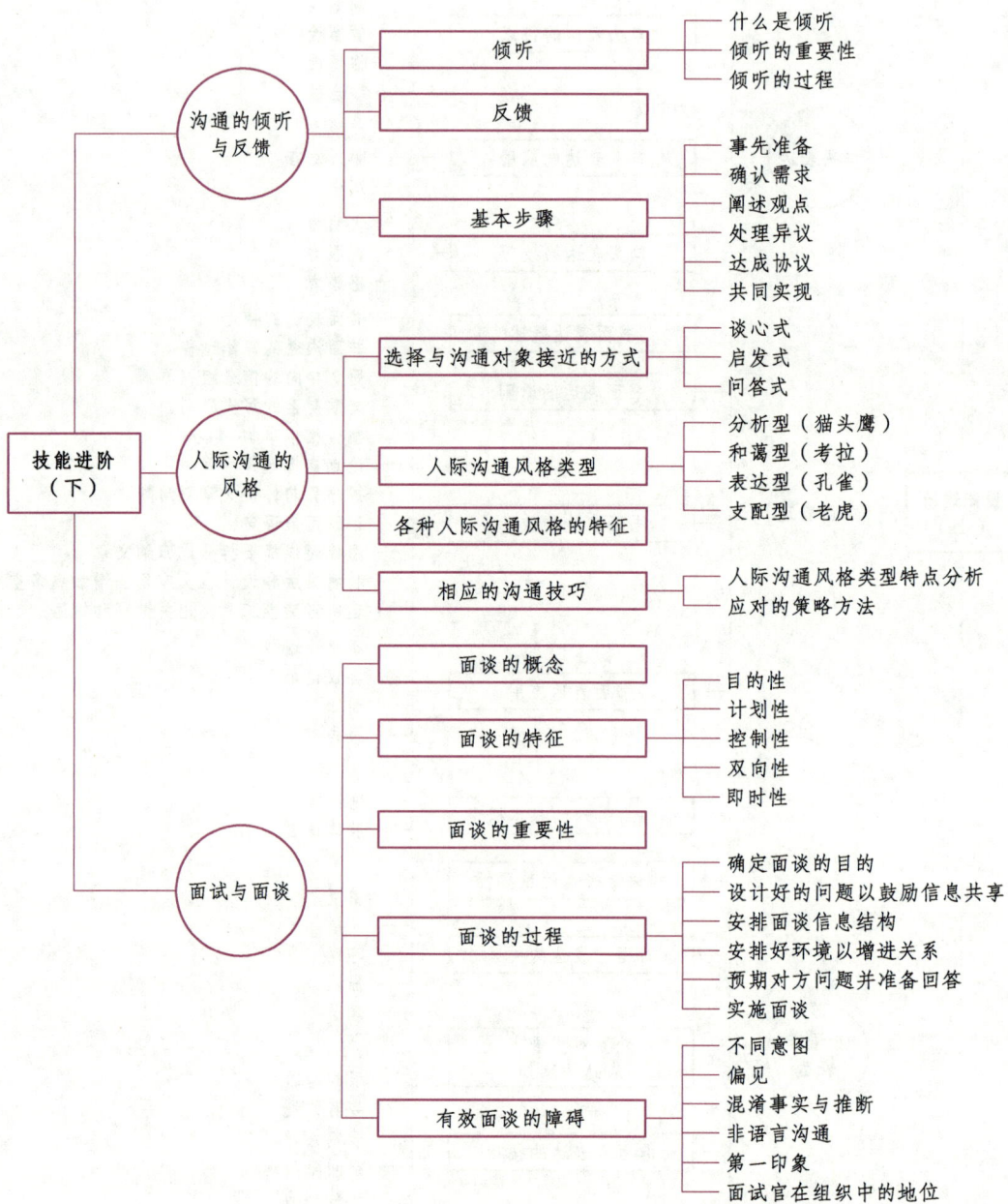

```
                                              ┌─ 什么是倾听
                            ┌─ 倾听 ───────────┤─ 倾听的重要性
                            │                  └─ 倾听的过程
             ┌─ 沟通的倾听 ─┤
             │   与反馈      ├─ 反馈
             │              │
             │              │                  ┌─ 事先准备
             │              │                  ├─ 确认需求
             │              └─ 基本步骤 ────────┤─ 阐述观点
             │                                 ├─ 处理异议
             │                                 ├─ 达成协议
             │                                 └─ 共同实现
             │
             │                                          ┌─ 谈心式
             │              ┌─ 选择与沟通对象接近的方式 ─┤─ 启发式
             │              │                           └─ 问答式
             │              │
             │              │                      ┌─ 分析型（猫头鹰）
             │  人际沟通的   ├─ 人际沟通风格类型 ───┤─ 和蔼型（考拉）
             ├─ 风格 ───────┤                      ├─ 表达型（孔雀）
             │              │                      └─ 支配型（老虎）
             │              ├─ 各种人际沟通风格的特征
  技能进阶   │              │
─ （下）─────┤              └─ 相应的沟通技巧 ───┬─ 人际沟通风格类型特点分析
             │                                  └─ 应对的策略方法
             │
             │              ┌─ 面谈的概念
             │              │
             │              │                   ┌─ 目的性
             │              │                   ├─ 计划性
             │              ├─ 面谈的特征 ───────┤─ 控制性
             │              │                   ├─ 双向性
             │              │                   └─ 即时性
             │              │
             │              ├─ 面谈的重要性
             │              │
             └─ 面试与面谈 ─┤                   ┌─ 确定面谈的目的
                            │                   ├─ 设计好的问题以鼓励信息共享
                            │                   ├─ 安排面谈信息结构
                            ├─ 面谈的过程 ───────┤─ 安排好环境以增进关系
                            │                   ├─ 预期对方问题并准备回答
                            │                   └─ 实施面谈
                            │
                            │                   ┌─ 不同意图
                            │                   ├─ 偏见
                            └─ 有效面谈的障碍 ───┤─ 混淆事实与推断
                                                ├─ 非语言沟通
                                                ├─ 第一印象
                                                └─ 面试官在组织中的地位
```

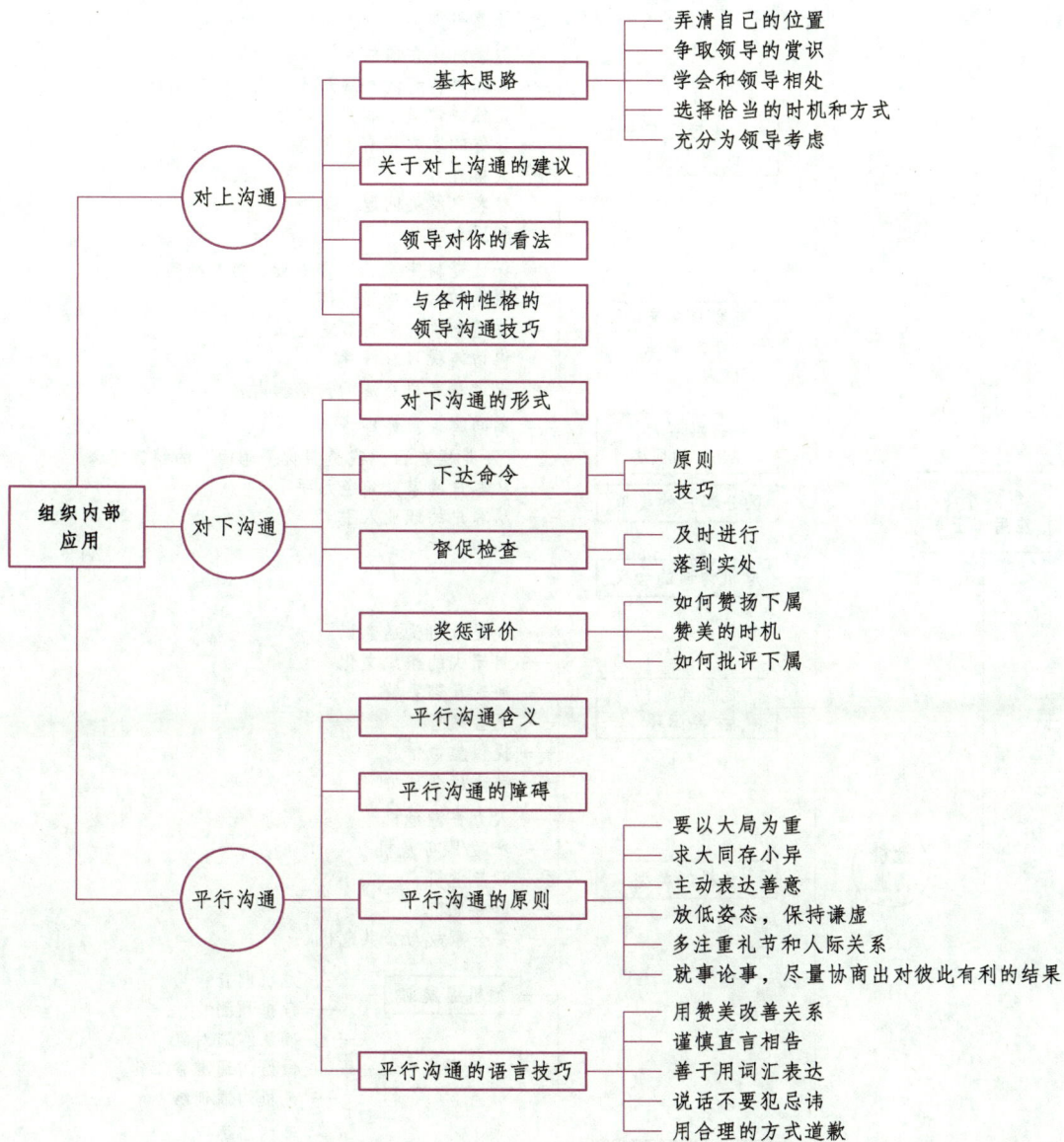

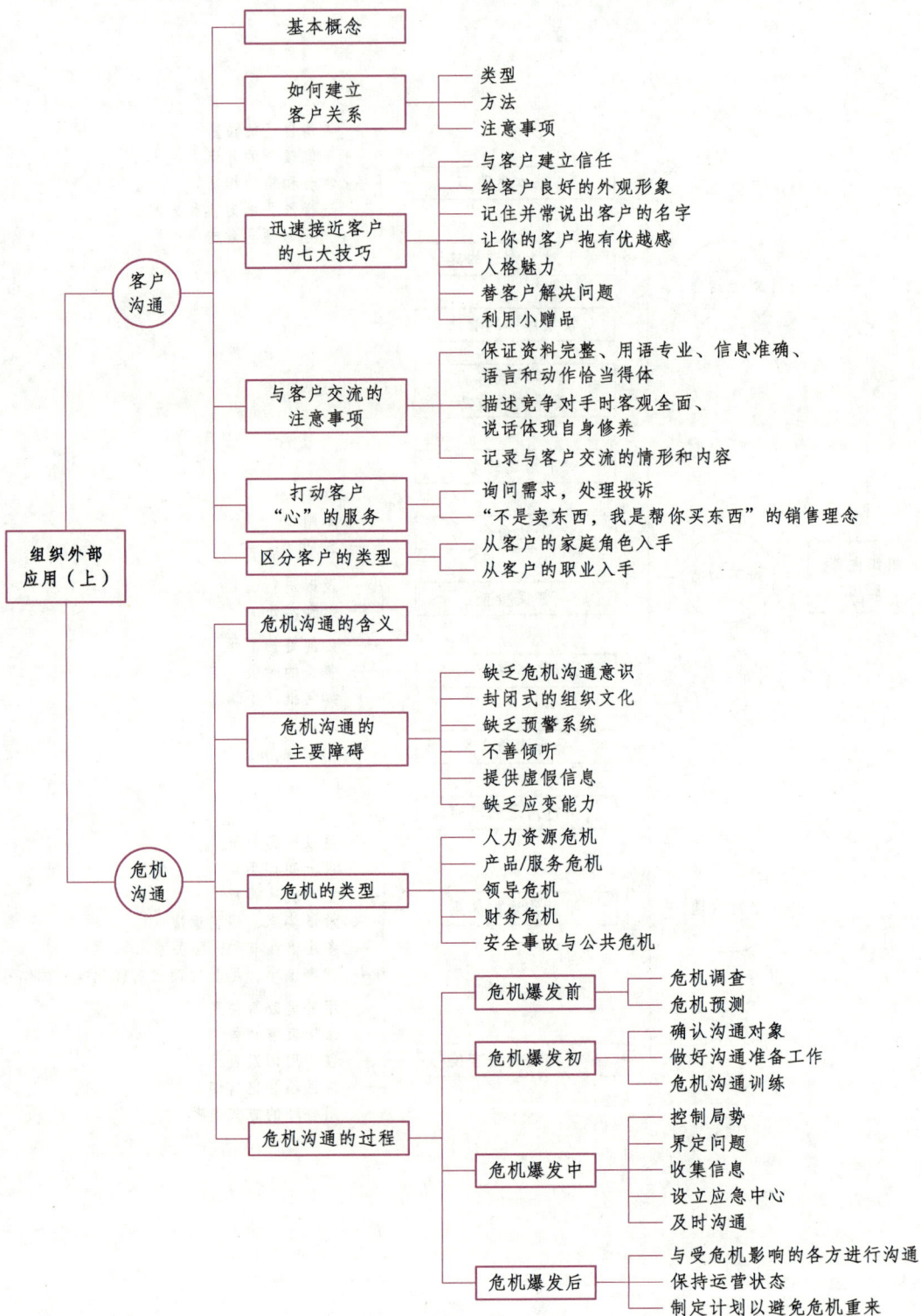

```
                                 ┌─ 基本概念

                                 ├─ 如何建立          ┌─ 类型
                                 │  客户关系          ├─ 方法
                                 │                    └─ 注意事项

                                 │                    ┌─ 与客户建立信任
                                 │                    ├─ 给客户良好的外观形象
                                 │  迅速接近客户       ├─ 记住并常说出客户的名字
                                 ├─ 的七大技巧        ├─ 让你的客户抱有优越感
                                 │                    ├─ 人格魅力
                   ┌─ 客户        │                    ├─ 替客户解决问题
                   │  沟通        │                    └─ 利用小赠品

                   │             │                    ┌─ 保证资料完整、用语专业、信息准确、
                   │             │                    │  语言和动作恰当得体
                   │             ├─ 与客户交流的       ├─ 描述竞争对手时客观全面、
                   │             │  注意事项           │  说话体现自身修养
                   │             │                    └─ 记录与客户交流的情形和内容

                   │             ├─ 打动客户           ┌─ 询问需求，处理投诉
                   │             │  "心"的服务         └─ "不是卖东西，我是帮你买东西"的销售理念

  组织外部          │             └─ 区分客户的类型     ┌─ 从客户的家庭角色入手
  应用（上）─────────┤                                 └─ 从客户的职业入手

                   │             ┌─ 危机沟通的含义

                   │             │                    ┌─ 缺乏危机沟通意识
                   │             │                    ├─ 封闭式的组织文化
                   │             │  危机沟通的         ├─ 缺乏预警系统
                   │             ├─ 主要障碍          ├─ 不善倾听
                   │             │                    ├─ 提供虚假信息
                   │             │                    └─ 缺乏应变能力

                   └─ 危机        │                    ┌─ 人力资源危机
                      沟通 ───────┤                    ├─ 产品/服务危机
                                 ├─ 危机的类型         ├─ 领导危机
                                 │                    ├─ 财务危机
                                 │                    └─ 安全事故与公共危机

                                 │                    ┌─ 危机爆发前      ┌─ 危机调查
                                 │                    │                 └─ 危机预测

                                 │                    │                 ┌─ 确认沟通对象
                                 │                    ├─ 危机爆发初      ├─ 做好沟通准备工作
                                 │                    │                 └─ 危机沟通训练

                                 │                    │                 ┌─ 控制局势
                                 │                    │                 ├─ 界定问题
                                 └─ 危机沟通的过程 ─────┤  危机爆发中      ├─ 收集信息
                                                      │                 ├─ 设立应急中心
                                                      │                 └─ 及时沟通

                                                      │                 ┌─ 与受危机影响的各方进行沟通
                                                      └─ 危机爆发后      ├─ 保持运营状态
                                                                        └─ 制定计划以避免危机重来
```

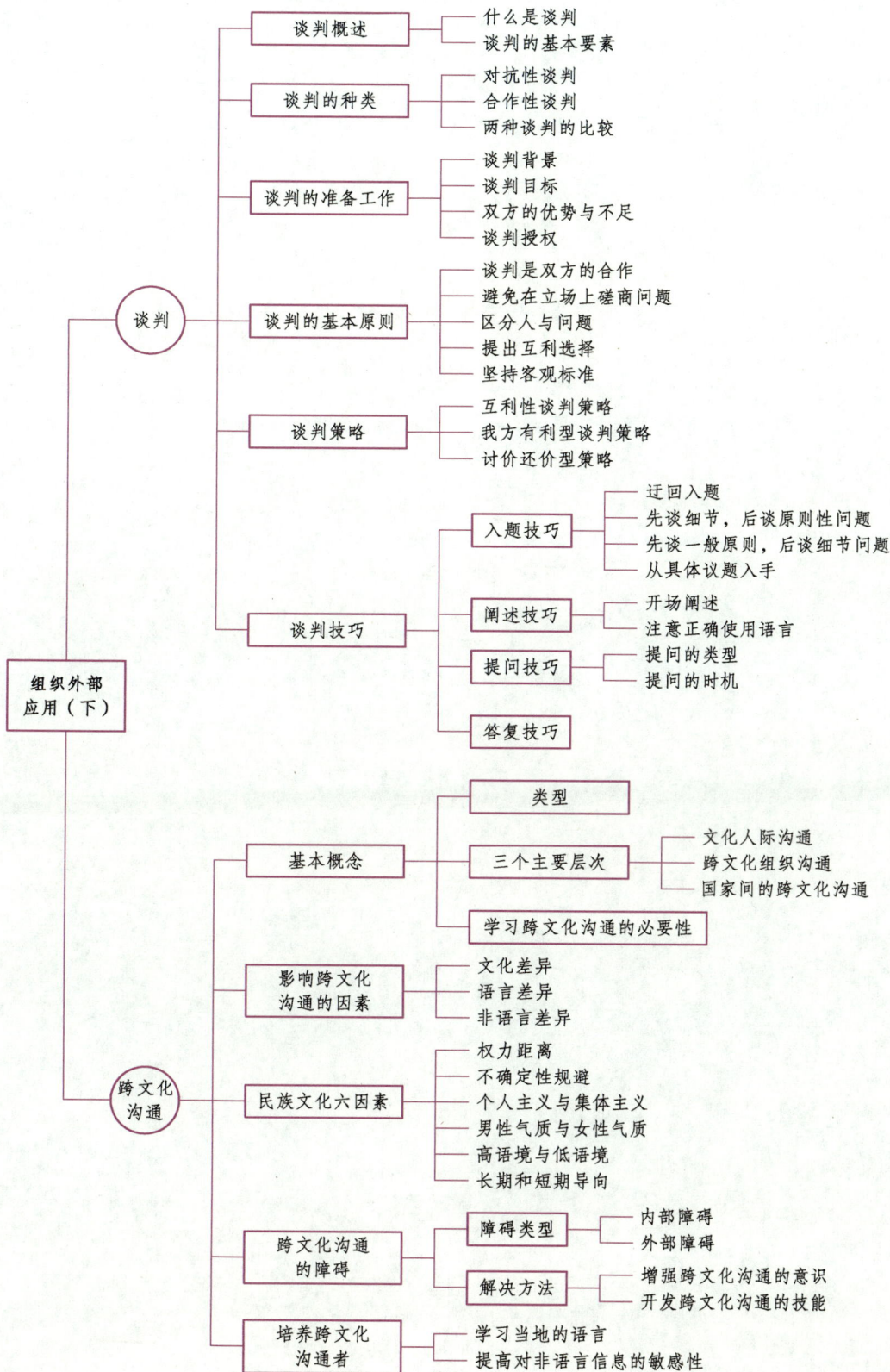

```
                                                      ┌─ 什么是谈判
                           ┌─ 谈判概述 ─────────────┤
                           │                          └─ 谈判的基本要素
                           │                          ┌─ 对抗性谈判
                           │                          │
                           ├─ 谈判的种类 ───────────┼─ 合作性谈判
                           │                          │
                           │                          └─ 两种谈判的比较
                           │                          ┌─ 谈判背景
                           │                          │
                           │                          ├─ 谈判目标
                           ├─ 谈判的准备工作 ───────┤
                           │                          ├─ 双方的优势与不足
                           │                          │
                           │                          └─ 谈判授权
                           │                          ┌─ 谈判是双方的合作
                           │                          │
                           │                          ├─ 避免在立场上磋商问题
                           │                          │
                  ┌─ 谈判 ─┼─ 谈判的基本原则 ───────┼─ 区分人与问题
                  │        │                          │
                  │        │                          ├─ 提出互利选择
                  │        │                          │
                  │        │                          └─ 坚持客观标准
                  │        │                          ┌─ 互利性谈判策略
                  │        │                          │
                  │        ├─ 谈判策略 ─────────────┼─ 我方有利型谈判策略
                  │        │                          │
                  │        │                          └─ 讨价还价型策略
                  │        │                                        ┌─ 迂回入题
                  │        │                                        │
                  │        │                          ┌─ 入题技巧 ─┼─ 先谈细节，后谈原则性问题
                  │        │                          │            │
                  │        │                          │            ├─ 先谈一般原则，后谈细节问题
                  │        │                          │            │
                  │        │                          │            └─ 从具体议题入手
                  │        └─ 谈判技巧 ───────────────┤            ┌─ 开场阐述
                  │                                   ├─ 阐述技巧 ─┤
                  │                                   │            └─ 注意正确使用语言
组织外部 ─────────┤                                   ├─ 提问技巧 ─┬─ 提问的类型
应用（下）         │                                   │            └─ 提问的时机
                  │                                   └─ 答复技巧
                  │
                  │                                                 ┌─ 类型
                  │                          ┌─ 基本概念 ──────────┤
                  │                          │                     │            ┌─ 文化人际沟通
                  │                          │                     │            │
                  │                          │                     ├─ 三个主要层次 ─┼─ 跨文化组织沟通
                  │                          │                     │            │
                  │                          │                     │            └─ 国家间的跨文化沟通
                  │                          │                     └─ 学习跨文化沟通的必要性
                  │                          │                     ┌─ 文化差异
                  │                          ├─ 影响跨文化 ─────────┤
                  │                          │  沟通的因素         ├─ 语言差异
                  │                          │                     └─ 非语言差异
                  │                          │                     ┌─ 权力距离
                  │                          │                     │
                  │                          │                     ├─ 不确定性规避
                  │                          │                     │
                  └─ 跨文化 ─────────────────┼─ 民族文化六因素 ────┼─ 个人主义与集体主义
                     沟通                     │                     │
                                             │                     ├─ 男性气质与女性气质
                                             │                     │
                                             │                     ├─ 高语境与低语境
                                             │                     │
                                             │                     └─ 长期和短期导向
                                             │                     ┌─ 障碍类型 ─┬─ 内部障碍
                                             ├─ 跨文化沟通 ────────┤            └─ 外部障碍
                                             │  的障碍             │            ┌─ 增强跨文化沟通的意识
                                             │                     └─ 解决方法 ─┤
                                             │                                  └─ 开发跨文化沟通的技能
                                             └─ 培养跨文化 ────────┬─ 学习当地的语言
                                                沟通者             └─ 提高对非语言信息的敏感性
```
223